El Sueño Americano
Atrévete A Soñar

by
Eddie Vargas

Bloomington, IN  Milton Keynes, UK
authorHOUSE®

AuthorHouse™
1663 Liberty Drive, Suite 200
Bloomington, IN 47403
www.authorhouse.com
Phone: 1-800-839-8640

AuthorHouse™ UK Ltd.
500 Avebury Boulevard
Central Milton Keynes, MK9 2BE
www.authorhouse.co.uk
Phone: 08001974150

First published by AuthorHouse 1/24/2007

ISBN: 978-1-4259-7378-0 (sc)

Printed in the United States of America
Bloomington, Indiana

This book is printed on acid-free paper.

Dedicatoria

Doy gracias a Dios por haberme dado la oportunidad de compartir mis experiencias. En aquellos días difíciles, pensaba que Dios me había abandonado. Hoy día al escribir este libro, reconozco que él siempre ha estado presente. Dedico este libro a mí querida esposa, mis tres hijos y al que pronto vendrá. Al inmigrante que lucha por alcanzar el sueño más anhelado. Éste libro también es dedicado a todos los que de alguna manera u otra dejaron huellas en mi vida. Tanto el que me animó como el que me desanimó porque ambos han sido una fuente de inspiración. Jamás tendré la oportunidad de encontrarme con muchos de ellos, pero siempre los encontraré en las páginas de éste libro y vivirán en mí memoria por el resto de mi vida.

Indice

Dedicatoria..vii

Introduccion..xi

En busca del sueño americano 1

Invadido por dos ejércitos 11

Si te ganas dos dólares guarda uno y gasta el otro 15

El médico más buscado..19

Buscado por la FBI...23

Celebrando el día de la independencia.......................27

Mi primer empleo luchando por sobrevivir 30

Invitado a sentarme en la silla del rey 36

La oración de los cien mil dólares y el Mercedes Benz.....40

Conociendo a los Yankees de Nueva York.................44

Huellas en el camino que nunca se olvidan. 49

Cuan frágil es la vida 52

Mi querida suegra..57

Pro a la vida el nacimiento de nuestra hija 60

El Gordo, La Flaca y Juan Luís Guerra 63

Lo que llevaba en la mano...67

La leche materna indudablemente la mejor 70

Valorando las cosas materiales más que a la vida humana 73

La mansión equivocada..78

Mordido por un cocodrilo 81

Prisioneros en la ciudad en que vivimos....................90

La búsqueda de una casa 93

¿Te acuerdas de mí? 98

La ignorancia y la poca organización lo pueden llevar a la ruina 101

Predadores buscando a quien devorar 106

Agentes de bienes raíces "guiados" por un código de ética profesional 109

Rentar vs. Comprar 114

Esclavos del sueño americano 116

Reflexiones 119

Introduccion

Recientemente alguien me dijo: "Si tú fueras un millonario entonces sí podrías decirle a todos el sueño americano, atrévete a soñar". Indudablemente, el sueño más anhelado tenía para él un significado diferente. Para mí el sueño americano va más allá del dinero.

Cierto día un pajarito sin haberme dirigido la palabra, me mostró lo que realmente significa el sueño americano. Era una tarde hermosa en la primavera, el cielo estaba azul y despejado. El sol resplandecía mientras caminaba a la orilla de un lago y contemplaba el agua que se miraba calmada y sin estrés. Observaba la hierba verde junto a los pinos y las flores de diferentes colores. Respiraba profundamente y al oler su fragancia refrescante pensaba que era el día perfecto.

Seguía mi camino lentamente cuando de repente miré un pajarito que intentaba volar, pero rápidamente regresaba. Yo me pregunté: "¿Por qué será que no sigue su jornada?". Al acercarme pude ver que sus patas estaban enredadas con un hilo y éste entre las rocas del lago. Yo luego tomé al pajarito en mis manos, miré que estaba herido y cuidadosamente lo fui desenredando. Le dije al pajarito: "Quisiera llevarte conmigo, darte comida y una nueva casa donde no te falte nada". Reflexioné al pensar que yo sería feliz, pero el pajarito no y le dije: "Éste es tu mundo y aquí podrás volar libremente. Sé que no tendrás todas las comodidades de la vida, pero en éste lugar seguirás siendo feliz". En aquel momento abrí mis manos y el pajarito voló.

Aquel día aprendí cosas muy valiosas. El pajarito me mostró que aunque estaba atado y había fracasado en su intento de volar con fuerza y valentía siguió luchando. El verdadero sueño americano es desenredar y animar a los que no se atreven a volar. Es animar a los que no se atreven a soñar. Es compartir tu pan con el hambriento. Es secar con tus dedos las lágrimas de aquellos que sufren. Es atreverte a soñar y a realizar tus sueños porque si tú no sueñas, nunca intentarás hacerlos realidad. Es atreverte a volar porque solamente volando, podrás ver todas las cosas hermosas a tu alrededor. Es atreverte a confiar en aquel que dijo: "Yo soy el camino, la verdad y la vida...".

En busca del sueño americano

Nací en la ciudad de Nueva York, me sentía orgulloso y para mí no existía otra ciudad como la gran manzana. Nunca imaginé que algún día abandonaría la ciudad que tanto amaba. Cuando cumplí doce años mis padres se retiraron y nos fuimos a la República Dominicana. Viví allá por cuatro años, pero por más que intentaba nunca me acostumbré.

Todos los días se iba el agua y la luz. En varias ocasiones mientras me encontraba en la bañera enjabonado de pies a cabeza, miraba como el agua se iba lentamente hasta que caían las últimas gotas que de nada me servían. Miraba la tubería deseando que regresara inmediatamente, pero el agua volvía muy tarde en la noche o hasta el día siguiente. Durante la noche era imposible dormir porque su compañera la luz también se iba. Cuando ella regresaba escuchaba a los vecinos muy felices aplaudir, pero su alegría les duraba poco porque al momento de llegar nuevamente se iba. Al principio de haber llegado a la República Dominicana yo también me emocionaba, aplaudía y me sentía alegre cuando el agua y la luz me acompañaban. Después de unos meses acepté mi nueva realidad. Estaba en otro país y tuve que acostumbrarme a una nueva vida. Comprendí que de nada valía quejarme porque el agua y la luz se iban y regresaban cuando les daba la gana.

Cuando paseaba por las calles y la luz de la ciudad me abandonaba, yo me enojaba con ella. Le reclamaba hasta que me di por vencido y nunca jamás la volví a esperar. Recuerdo una noche en la que miré hacía arriba, al contemplar la luna llena en todo su esplendor le pedí que me acompañara y me enamoré de ella. Hoy día la sigo queriendo porque siempre me acompaña y me ilumina el camino. Además de ser bella es hermoso saber que siempre la luna me ha sido fiel.

Una noche que se fue la luz mi hermano menor tenía temor de ir al baño. Todos le decíamos que fuera valiente, pero por nada él se atrevía a ir solo. Él entonces encontró una botella vacía que usó para hacer sus necesidades, luego le puso la tapa y la colocó en el mismo lugar donde la encontró. Esa noche estábamos celebrando las fiestas navideñas y un amigo comentó que deseaba tomarse una cerveza fría, pero mi padre le respondió que no teníamos. Seguidamente nuestro amigo Jacobo tropezó con una botella y al mirar que no estaba vacía saltó de alegría. Muy emocionado él dijo: "¡Encontré una botella, ahora si vamos a celebrar!".

En el mismo instante que tomó su primer trago escuchamos como él se ahogaba tratando de escupirlo. Él pensó que era una broma, pero no fue así. Le contamos que minutos antes de su llegada mi hermano menor buscaba desesperadamente donde hacer sus necesidades, pero por temor a la oscuridad no se atrevió ir al baño.

Por muchos años yo pensaba que el nombre de éste amigo era realmente Jacobo, pero un día mi vecina me dijo que ése no era su nombre verdadero. Lo llamaban así porque era conocido como un mentiroso y charlatán. Aquella noche sin lugar a dudas Jacobo probó una cucharada de su propia medicina.

Tengo muchos recuerdos de aquella época, en especial cuando mi otro hermano menor invitó a sus amigos a la casa de su comprometida. Estaban celebrando las fiestas navideñas con un gran banquete. Al llegar nos sentamos a la mesa, pero nadie se atrevió a tocar los utensilios. La novia de mi hermano nos dijo: "Se pueden servir, no tengan vergüenza". Todos teníamos hambre, pero no había ni siquiera un valiente.

De repente se fue la luz y empezamos a comer como si no habíamos comido por varios días. Aquel ruido era como una orquesta dirigida sin director y los espectadores quienes habían preparado el escenario se reían. Minutos después la luz volvió por una fracción de un segundo. Uno de los jóvenes exclamó: "¡Ay, llegó la luz!". En aquel instante había un silencio total, dejaron de sonar las cucharas, los tenedores y los cuchillos. En seguida las luces se apagaron nuevamente y se escuchaban los utensilios, pero esta vez con más intensidad por si acaso regresaba la luz. Cuando la luz por fin llegó las bandejas estaban vacías y nosotros satisfechos con la barriga llena. Aquella noche por la primera vez en mi vida le di gracias a Dios por haberse ido la luz.

En cierta ocasión mis amigos me invitaron a ir al campo de paseo. Cuando miré el carro en que viajaríamos quise quedarme. Mientras el dueño revisaba el carro noté que algunas piezas estaban sostenidas con alambre. Al encenderlo, yo sabía con certeza que ellos no llegarían a su destino. Por fin me convencieron y acepté subirme al carro sabiendo que a mitad de camino nos quedaríamos.

El dueño del carro era un hombre pobre, toda su ropa incluyendo los zapatos estaban en su etapa final. Ese día aprendí una de las lecciones más grandes en toda mi vida. Mientras subíamos la montaña el carro levantaba polvo del camino. Miré que todos empezaron a verse rubios incluyendo el bigote del chofer. Las ventanas estaban completamente cerradas. No había entendido como se pudo haber metido tanto polvo. Luego miré que había un hueco grande al lado del acelerador y no podía creer que por ahí se había metido tanto polvo.

Mientras él seguía subiendo el carro empezó a echar humo por la parte de atrás. Pensé que hasta ahí no mas llegaría, pero milagrosamente llegó a su destino. El chofer tenía un pedacito de dulce que solamente alcanzaba para él y el carro iba repleto de gente. Lo que él dijo en ese momento nunca lo olvidaría: "Sí Cristo compartió los panes y los peces con miles de personas porque no voy a compartir con ustedes" y compartió con todos.

A la edad de 16 años iba caminando cerca de un parque de béisbol en la ciudad de Santiago. Observada como unos jóvenes arriesgaban sus vidas tratando de ver el partido por la parte de afuera. Algunos estaban descalzos y otros sin camisetas, pero todos intentaban subir hasta lo más alto. La altura era aproximadamente de cincuenta o sesenta pies. Mientras los seguía observando recordé cuando durante mi niñez soñaba conocer a los Yankees de Nueva York.

Seguía mi camino lentamente admirando su valentía. Parecía que estaban discutiendo por conseguir el mejor lugar. Repentinamente miré caer un joven al vació. Deseaba en lo más profundo de mi corazón ayudarlo. En aquel instante otro joven lo tomó en sus brazos y lo llevó corriendo a toda velocidad al hospital público que de hecho estaba casi al frente del estadio.

Siempre que miro un estadio recuerdo aquella escena, jamás he podido borrar aquella imagen de mi mente. Durante los cuatro años que viví en la República Dominicana miré mucha pobreza. Aunque ella me acompañaba en todo momento, aquel día su rostro me impactó como nunca antes.

A la edad de 17 años y a escondidas de mis padres decidí regresar a Nueva York en busca del sueño americano. A través de mi vida, a pesar de mi ciudadanía norteamericana he aprendido a identificarme con el inmigrante que viaja por avión, por tierra acompañado de un coyote o cruzando el mar en barco y en lancha. Todos son dignos de admiración y respeto por la valentía al arriesgar sus vidas a cambio de un mejor porvenir para ellos y sus familias.

Cuando decidí viajar a los Estados Unidos pensé que todo sería fácil. Sin embargo, aquel desafío se convertiría en lo que hoy día es la hazaña más grande en toda mi vida. Mis padres tenían mi pasaporte bajo llave en su dormitorio. En un descuido tomé la llave y por primera vez aquel pasaporte azul tenía para mí un gran valor. Lo tuve en mis manos como si mi vida dependiera de el.

Vendí casi toda mi ropa y un radio para los gastos del viaje, pero el dinero no fue suficiente. Recuerdo que un amigo tuvo que empeñar varias cosas para ayudarme con los gastos. Minutos antes que la agencia de viaje cerrara, encontré otro amigo quien irónicamente me decía: "El fugitivo". Él sabía que me había fugado varias veces de un colegio donde estaba internado. Jamás imaginé que algún día aquel amigo estaría dándome la mano para escapar nuevamente.

Cuando reuní el dinero fui muy nervioso a comprar el pasaje a una agencia de viajes donde trabajaba mi prima. Aunque ella me preguntó por mis padres, creo que no sospechó que estaría viajando sin el permiso de ellos. Ya con el pasaporte y el boleto de avión en mano solamente faltaba el chofer. Aquella tarde después de haber buscado por largas horas, encontré alguien que estaba dispuesto a llevarme al aeropuerto.

Recuerdo que tuvimos que recorrer muchas calles para comprar gasolina porque en aquellos días había una escasez del combustible. De camino al aeropuerto estaba oscureciendo y las luces del carro no funcionaban. Aunque perdimos un poco de tiempo buscando gasolina y luego un bombillo, llegué a mí destino. Al bajarme del carro me sentí muy agradecido y a la vez avergonzado con el chofer. Ni siquiera me había sobrado dinero para pagarle y pensé que él estaría molesto conmigo, pero al despedirnos me dio un fuerte apretón de mano y me dijo: "¡Buena suerte!".

En el aeropuerto mientras esperaba ansiosamente en una larga fila, anunciaron que el avión tenía problemas y nadie estaría viajando hasta el día siguiente. Aquella noche fue la más larga en toda mi vida. Me recosté en el piso de cemento y aseguré mis documentos, pero por más que intentaba descansar no podía al pensar que algo me sucedería. A la mañana siguiente muy temprano nos informaron que solamente había un avión y dos grupos de personas. Los que nos quedamos del día anterior y el grupo que le correspondía viajar ese día. Después de haber pasado por tantos contratiempos estaba seguro que no viajaría y casi me doy por vencido.

Cuando me encontraba parado en la fila por segunda vez escuché que alguien me preguntó en voz alta: "¿Qué tú haces aquí?". Al mirar hacía atrás se me fue el alma cuando miré a mi tío. Temblé como nunca antes, pero tuve el valor de decirle: "¡Me voy para Nueva York!". Cuando él se dio cuenta que mis padres no estaban enterados de mi viaje, me dijo: "Tuviste suerte porque le rogué a tu padre que me trajera, pero él no quería levantarse temprano, sino aquí estuviera ahora mismo". Un anciano que había escuchado la conversación, le preguntó a mi tío: "¿Cómo tú vas a dejar

que este joven se vaya a perder a los Estados Unidos?".
Por un momento pensé que alertarían a las autoridades
y después de haber pasado por tanto trabajo no viajaría
para realizar el sueño americano.

Finalmente subí   al avión y muy dentro de mí
corazón sentí la voz de Dios diciéndome que no viajara.
Mientras miraba por la ventanilla hacía el horizonte,
me preguntaba si algún día aquel sueño anhelado sería
hecho una realidad en mí vida. A mis 17 años había
comprendido que la vida no era un arco iris, pero nunca
imaginé cuan difícil sería el camino. Viajaba con las
manos vacías, con mis inquietudes e incógnitas y los
consejos de mi padre que hasta el día de hoy recuerdo y
en muchas ocasiones salvaron mí vida.

A pesar que mi padre y yo nunca tuvimos una
relación estrecha, durante mi juventud él me dijo tres
grandes verdades: "Cuando trabajes aunque sea poco es
mejor que el dinero mal ganado porque siempre podrás
caminar con tu frente en alto". "Sé honesto". "Un
amigo es un peso en el bolsillo cuando el bolsillo no está
roto". También llevaba conmigo algo más importante:
la fe y la esperanza en Dios. Siempre confiaba que a
pesar de las dificultades todo saldría bien.

Al llegar a la ciudad les conté a mis familiares que
me había fugado. Mi tío al darse cuenta que yo estaba
con los bolsillos vacíos, me dio un montón de monedas
y desde un teléfono público llamé a mis padres para

decirles donde me encontraba. Mi papá muy secamente me dijo: "Te vas a arrepentir sino regresas ahora mismo. Si te quedas por allá, te convertirás en un arrimado igual a una escoba que siempre está mal puesta".

En cambio, mi madre trató en vano de convencerme diciéndome que en el pueblo donde ella nació había enterrada una botija. Ella me pidió que regresara para ayudar a encontrar el tesoro. Aunque me prometió parte del dinero, ése cuento a mí me olía a una trampa y nunca despertó el más mínimo interés en mí. Pasaron los años y mi madre seguía contando la misma historia hasta que un día le dije: "Madre, ya no espere más por mí, sígala usted buscando que quizás algún día la encuentre". Para mí esa botija era algo así como la lotería americana: un dólar y un sueño...

Recientemente le dije a mi madre que pronto saldría en las páginas de éste libro y me preguntó que había escrito acerca de ella. Cuando le mencioné la botija sonrió a carcajadas. Luego me dijo que nunca la encontró porque las personas que fueron con ella a buscarla no tenían buena fe. En aquel momento me quedé en silencio y me pregunté: "¿Será que aquella botija realmente existió?", nunca lo sabré. Aunque ahora me animara a buscarla sería imposible encontrarla porque el terreno fue vendido años atrás cuando fallecieron mis abuelos.

Invadido por dos ejércitos

Durante los primeros días de haber llegado a los Estados Unidos, resonaron las palabras de mi padre cuando me dijo que me convertiría en un arrimado y sería como una escoba que siempre está mal puesta. No tenía absolutamente nada ni siquiera donde recostar mi cabeza. En aquellos días un piso de madera se convertiría en mi cama, un pantalón en mi almohada y mi chaqueta en mi cobija.

Me sentía tan vació que un día sin pensarlo dos veces fui a las oficinas del ejército e intenté ingresar. Sabía que la vida de un soldado es difícil, pero pensaba que por lo menos allí tendría comida y un lugar donde recostarme. Tomé un examen básico, pero al no pasarlo me aconsejaron que estudiara por unos meses y luego regresara.

Mientras tanto todas las noches en medio de la oscuridad y mi soledad, yo sentía como si hubiera estado en un campo de batalla. Cuando descansaba en el piso sentía temor de cerrar los ojos porque diariamente era invadido por dos ejércitos, uno de cucarachas y otro de ratones. Aunque no los veía, escuchaba claramente a los ratones que se paseaban por todas partes. Por la noche antes de acostarme les preparaba trampas con un pedacito de queso y temprano por la mañana echaba a la basura los que eran atrapados. A veces sentía que era yo quien estaba invadiendo su territorio porque después de varios días mis trampas no funcionaban.

Recuerdo que durante la madrugada al ser casi vencido por el sueño, me despertaba al sentir las cucarachas que caminaban sobre mi piel. Cada vez que encendía la luz todas intentaban escapar. Cuando tenía sed y abría la puerta de la refrigeradora encontraba que muchas de las cucarachas se escondían allí. Cuando quería freír un huevo y abría los gabinetes e intentaba sacar un sartén, ellas salían despavoridas. Para el colmo, cuando abría el horno para calentar algo encontraba desperdicios de ratones. Aquel apartamento era un desastre. Todos los que vivíamos allí éramos hombres y siempre deseaba que llegara una dama para que le pudiera dar el toque femenino.

A las pocas semanas me mudé de aquel lugar deseando encontrar algo mejor. Me fui a vivir al apartamento de unas amistades donde me rentaron un cuarto. Aquel apartamento no había sido invadido por las tropas, pero tenía otro serio problema. Mi compañero de cuarto era un señor que llegaba borracho los siete días de la semana. Casi siempre estaba con los bolsillos vacíos, pero diariamente buscaba la manera de saciar su sed. Muchas veces cuando él llegaba de madrugada sin yo haberle dicho absolutamente nada él me insultaba. Una noche llegó y al darme cuenta que había gastado parte de la renta le reclamé. Entonces, él sacó diez dólares de su bolsillo y dijo: "Esto es lo que hay. Si no les gusta que se vayan para el carajo y más vale que se alegren por que por lo menos estarán recibiendo algo. Con estos diez dólares ellos van en coche y no lo saben".

Semanas más tarde estaba tan borracho que una noche duró más de diez minutos tratando de entrar la llave en la cerradura. Cuando finalmente logró abrir la puerta caminó unos treinta pies, le faltaban solamente uno o dos pies más para llegar a su cama, pero se le acabó la gasolina y permaneció en el piso hasta la mañana siguiente.

Pasaban los días y él seguía insultándome, pero la ironía era que durante las poquitas horas que no se encontraba borracho me decía que yo era una buena persona, muy trabajador y todo lo demás. Yo estaba cansado de sus insultos hasta que un día decidí convertir mi enojo en alegría. Por la noche cuando él llegaba al apartamento lo filmaba con mi cámara y cuando se encontraba sobrio mirábamos el video. Nos reíamos tanto que ha sido la mejor comedia que he visto en toda mi vida.

Otra noche en el mismo apartamento se encontraban alrededor de diez personas y de repente se sintió un fuerte mal olor. Todos pensábamos que se trataba de un ratón muerto y lo empezamos a buscar. Yo me consideraba un experto ya que había recibido entrenamiento en el campo de batalla y estaba seguro que encontraríamos al roedor. Después de haber buscado por un buen rato alguien abrió la puerta de uno de los dormitorios, allí se encontraba una persona durmiendo y notamos que se le había caído un zapato. Alguien se acercó y al oler su pie casi se desmaya. Yo luego dije: "Tuvimos suerte que solamente fue un zapato si hubieran sido los dos nos hubiera aniquilado".

Si te ganas dos dólares guarda uno y gasta el otro

*P*asaba el tiempo y recordaba a cada momento cuando a la edad de quince años mis padres me enviaron de vacaciones a la ciudad de Nueva York. Un día estaba contemplando la idea de ir al supermercado, quería ayudar a los compradores a cargar sus paquetes y ganarme algo de dinero. Mientras más lo pensaba quería regresar a casa. Me sentía avergonzado y pensaba que mis amigos se burlarían de mí.

Finalmente tuve la valentía de ir, pero al llegar sentí temor. En la entrada del supermercado estaba un joven afro americano tratando de ayudar a los clientes y pensó que yo le iba a quitar su trabajo. Sin embargo, los clientes en el parqueo del supermercado lo rechazaban cuando él les preguntaba si necesitaban ayuda con los paquetes. Él varias veces me pidió que me fuera del supermercado porque yo era como su piedra de tropiezo, pero me quedé y empecé a ganar bastante dinero. Me sentía mal cuando miraba como la gente de su propia raza lo miraban de menos. Al mirar que él seguía bruscamente insistiendo que me fuera, busqué a mi hermano mayor e inmediatamente él resolvió el problema a su manera.

Aquella tarde después que mi hermano le había dado una paliza al joven de piel oscura, dos policías anglos se acercaron y pensé que lo arrestarían. Sin embargo, cuando ellos vieron que se trataba simplemente de una pelea callejera entre un hispano y un afro americano, los policías siguieron su camino como si no había pasado nada. Fue ahí donde comencé a comprender lo que era el prejuicio y el racismo.

Un poco asustado, pero contento regresé a casa con los bolsillos llenos de monedas. La vida me sonreía, estaba lleno de ilusiones y sentía muchos deseos de triunfar. Mientras contaba las monedas esparcidas por toda la mesa, mis familiares se quedaron asombrados al darse cuenta que había reunido alrededor de cien dólares. Mi tía me dijo: "En un día has ganado lo que en una factoría gana una persona casi en una semana de trabajo". En aquel momento mientras miraba las monedas amontonadas a la edad de mis quince años nació en mí "el sueño americano".

Años más tarde en aquel mismo lugar donde había contado las monedas con tanta emoción e ilusión, me sentía abatido y decepcionado de la vida. En varias ocasiones mi abuelita me decía: "Si te ganas dos dólares, guarda uno y gasta el otro para que algún día puedas realizar el sueño americano". Siempre la escuchaba muy atentamente, pero me quedaba en silencio. Como le decía que apenas lo que ganaba me ajustaba para medio sobrevivir. Han pasado casi veinte años desde que escuché aquel consejo y parece como si hubiera sido ayer.

Recuerdo también que a la edad de cinco años mi abuela me salvó de una paliza cuando un día tomé unas monedas que no me pertenecían. Mi abuela y mi madre me dijeron que las pusiera en el mismo lugar donde las había encontrado. Mientras yo devolvía las monedas, ellas estaban esperando por mí detrás de la puerta. Alcancé a mi madre decir que me daría una buena paliza para que aprendiera a respetar lo ajeno. Entonces mi abuela con su tierna voz le dijo a mi madre: "A los niños no se les enseña con la correa sino con la palabra". Todavía recuerdo las palabras de mi abuelita cuando de niño me dijo que devolviera las monedas y sí quería algo era mejor pedirlo y no tomarlo.

Sus palabras dejaron huellas en mí vida y hoy con tres hijos me he dado cuenta que definitivamente la correa no es una solución a los problemas. Mi abuelita falleció hace varios años. En los últimos momentos de su vida, mientras descansaba en su cama le tomé la mano y le dije: "Mamita, recuerdo cuando usted me salvó de una pela... y también cuando usted me daba aquel consejo del sueño americano. Usted me decía que algún día tendría una familia hermosa y con esfuerzo y valentía lograría mis sueños".

El médico más buscado

$\mathcal{A}$ la edad de 18 años la gente se admiraba al saber que yo tenía mí propio apartamento. Cuando me miraban por la calle yo sonreía fingiendo que todo marchaba bien, pero muy dentro de mí todo era tristeza y amargura. Recordaba a cada momento cuando la pobreza me acompañaba en la República Dominicana, pero nunca imaginé que ella viajaría a mí lado y luego se mudaría a mí apartamento. Todos los días al llegar a mi vecindario miraba un letrero que en dos palabras resumía mi vida. No era solamente el reflejo de mi vida en aquel entonces sino también un recordatorio constante que decía: "dead end" o "callejón sin salida".

Cierto día mi hermano me dijo que tenía un amigo que era médico y me pidió que le diera alojamiento porque la mujer lo acababa de echar de su casa. Yo no sabía que mi hermano apenas lo acababa de conocer en la calle. Éste hombre era un afro americano de muy buen vestir y manejaba un Honda Accord del año. Al bajarse de su carro cargaba su maletín en una mano y los trajes en la otra. Hablaba con tanta elocuencia que en ningún momento dudé que realmente fuera un médico.

Cuando él entró a mi apartamento buscó un lugar para guardar su ropa. Se sorprendió al abrir la puerta del armario y ver que solamente tenía cinco o seis piezas colgando. De inmediato las movió y se adueñó de todo el espacio. Yo estaba anonadado al mirar tantos trajes de lujo, todos sin una arruga y un par de zapatos que combinaba con cada uno.

Un día le comenté que una de mis tías vivía en Long Island y él rápidamente me dijo que fuéramos a visitarla. Quizás él pensó que ella vivía en una mansión, pero mi tía vivía en las viviendas públicas del gobierno. Cuando llegamos a un edificio de ladrillos él inmediatamente se fue. Días después me preguntó si yo tenía cuenta bancaria o tarjetas de crédito. En aquel momento quise decirle: "¿Es qué acaso no te estás dando cuenta en la condición que vivo?".

Mi apartamento estaba casi vacío. No había ni siquiera una mesa y una silla donde sentarme a comer. La refrigeradora no era la excepción. Siempre había un galón de leche, agua y a veces pan. Cuando mis amistades buscaban de comer yo les decía que la refrigeradora y los gabinetes estaban vacíos porque prefería comer en la calle, pero no era cierto. Mis bolsillos también estaban vacíos y añoraba a cada momento la comida de mi madre. Apenas tenía una cama en su etapa final y un televisor en blanco y negro de trece pulgadas.

Aquel médico en todo momento no solamente estaba bien vestido sino que se expresaba muy distinguidamente. Era muy difícil dudar que no era realmente un médico, pero un día me di cuenta que nunca iba a trabajar y me pregunté: "¿Cuándo será que trabaja este hombre?". Una tarde cuando yo llegaba del trabajo, uno de mis tíos me preguntó quien era el hombre de saco y corbata que estaba viviendo en mi apartamento. Le dije que era un médico, amigo de mi hermano. Mi tío sonrió y me dijo: "Ese es el médico más raro que he visto en toda mi vida al no ser que está de vacaciones, todos los días lo veo en la esquina tomando cerveza y compartiendo con nosotros. Ese de doctor no tiene nada…"

En ese momento llegó la dueña de un restaurante buscando al médico. Ella dijo que le había dado cien dólares aquel hombre para que le buscara unas cajas de pollo. Seguidamente se apareció una mujer diciendo que era su novia. Luego se acercó otra y dijo: "Él me acaba de dar un anillo de compromiso" y entre lágrimas nos contó que le había prestado su carro. En aquel momento nos dimos cuenta que ni siquiera el Honda Accord le pertenecía al supuesto médico. Cuando pensamos que ya lo habíamos desenmascarado y se encontraban todas las victimas reunidas llegó mi hermano.

Él muy contento nos dijo que le había dado cien dólares al médico para el depósito de un carro que él estaba buscando en Nueva Jersey. Yo le dije: "No pierdas tu tiempo esperando, ese carro no existe. Mira toda esta gente en la esquina que él las engañó". Mi hermano menor me mostró la llave del supuesto carro y me aseguró que él regresaría, pero nunca jamás lo volvimos a ver. Yo estaba tan enojado que le pedí a mi hermano mayor que me ayudara a encontrarlo para darle una buena paliza. Luego reaccioné y me dije: "La venganza no vale la pena, algún día él pagará por todo lo que ha hecho".

Mi hermano menor sin haberse dado cuenta puso en peligro nuestras vidas al hospedar aquel supuesto médico en mi casa. A pesar que en aquel tiempo estaba viviendo uno de los momentos más difíciles de mi vida, le di gracias a Dios por no haber tenido nada. Cuando recuerdo esta historia se me hace difícil creer que sucedió de tal manera, pero así fue. Recuerdo que en cierta ocasión un amigo me dijo: "Tú deberías escribir un libro solamente a ti te suceden las cosas que te han sucedido". En aquel entonces creo que no me había ocurrido ni siquiera la mitad de lo que hoy estoy relatando.

Buscado por la FBI

$\mathcal{C}$ierta noche cuando era un estudiante decidí no ir a la escuela por dos razones que luego lamentaría. No acostumbraba a ver novelas, pero hubo una que me atrapó estando en su etapa final y no quise perdérmela. Además quería visitar un amigo. Estas no fueron razones justificadas para no ir a la escuela, pero lo peor de todo fue el no haber andado con una identificación aquella noche.

Mientras me encontraba sentado en la sala en el apartamento de mi amigo fuimos sorprendidos por la FBI. Entraron cinco o seis hombres de raza blanca y negra, todos median alrededor de seis pies y estaban vestidos de saco y corbata. Nos mostraron su identificación y nos dijeron: "¡FBI, no se muevan!". En aquel momento estaba un poco asustado, pero al momento me compuse al saber que el que no tiene hecha no tiene sospecha. Luego pensé que mi amigo quizás estaba envuelto en el mundo de las drogas.

Después de todo me sentí un poco aliviado al saber que estas personas eran de la FBI y no miembros de una pandilla. A través de las películas y los reality shows había visto a detectives sorprender a muchos, pero jamás imaginé que aquella noche ellos me sorprenderían.

Los agentes dijeron que buscaban un asesino, mostraron una fotografía y preguntaron si conocíamos al que mirábamos en ella. Mientras miraba la foto muy de cerca, el rostro del sospechoso me era muy familiar y estaba convencido que lo había visto en algún lugar, pero les dije que jamás lo había visto. Al poco rato uno de los agentes me aseguró que era yo quien aparecía en la fotografía. Yo le respondía que no, pero él insistía. En aquel momento quise decirle: "¿Cómo te atreves a compararme con ese hombre?", pero preferí quedarme en silencio.

Reconozco que no soy un modelo ni siquiera un poquito hermoso, pero el hombre de la fotografía tenía una barba mal cuidada, cabello alborotado, pantalones con campanas y camisa de cuello largo. Parecía un hippie de los años sesenta y en aquel entonces estábamos a fines de la década de los ochentas. Aquella noche me pregunté como ese agente me pudo haber confundido de tal manera.

Los agentes luego nos llevaron a la estación de policía y me mantuvieron separado de mi amigo en todo momento. Mientras me interrogaban, me hacían la misma pregunta. Después de haber dicho mi nombre más de diez veces, le dije: "Ya te he dicho mi nombre muchas veces, ¿por qué me sigues preguntando lo mismo?". En aquel momento el detective se enojó y me dio una trompada en la cara. Al caer al piso, me agarró por la camisa y me dijo: "Vamos a tratar una vez más, ¿cuál es tu nombre?". Finalmente después de varias horas nos dejaron ir a la casa. Nunca jamás volví a visitar aquel amigo. Nunca jamás quise mirar otra novela y menos cuando debía estar en la escuela. También desde aquella noche, siempre me aseguro de andar con una identificación.

En otra ocasión mí encuentro con las autoridades fue diferente porque sencillamente ellos me confundieron con un judío. Era una noche oscura y me encontraba dando de reversa en mi carro cuando noté las luces de una patrulla. Seguidamente un oficial se acercó y me preguntó por mi identificación. Yo estaba totalmente confundido al escuchar que él me dijo con tanta amabilidad: "Señor Vargas, ¿sabe usted porque lo hemos detenido?".

En muchas ocasiones había sido detenido por alguna infracción de transito, pero nunca me habían dicho señor. A los pocos minutos el policía me dejó ir y ni siquiera una advertencia me dio. Al arrancar no podía creer lo que me había sucedido y me preguntaba que fue lo que vieron en mí. En la parte de atrás de mi carro tenía un letrero que decía: "Jesucristo Salva", pero pensé que no pudo haber sido el letrero. Mientras yo seguía guiando, me rasqué la cabeza. Al componerme una gorrita negra como la que usan los judíos, me di cuenta que había sido confundido por un judío y por esa razón las autoridades me trataron con respeto y dignidad.

Celebrando el día de la independencia

$\mathcal{E}$ra un cuatro de Julio de 1988, día que nunca olvido. Mis amigos y mis hermanos hacíamos planes para celebrar el día de la independencia en Coney Island, un parque de diversión. Sin embargo, teníamos un inconveniente. Mi carro tenía seguro, pero no funciona y el carro de mi hermano no estaba asegurado, pero si funcionaba. Mientras todos discutíamos la manera de resolver el problema, yo sugerí que le quitáramos la placa a mi carro y se la pusiéramos al carro de mi hermano.

En un momento solucionamos aquel problema, pero nadie quería manejar el carro y menos ese día donde había celebración y policías por todas partes. En el vecindario donde vivíamos las calles estaban cerradas. Había dos policías que movían las vallas para que los carros de los vecinos salieran del bloque. Alguien empezó a ofrecer dinero al mirar que nadie se animaba a manejar el carro. Mi hermano que sabía en la situación que me encontraba, desesperado y sin un peso en el bolsillo, exclamó: "¡Ofrézcanle diez dólares a Eddie, que yo estoy seguro que él lo hará!".

En aquel mismo instante yo miré la gloria. Pensé que con esos diez dólares compraría pan, mantequilla, leche, cereal y quizás me ajustaba para un cartón de huevos. Aunque también pensé que corría el riesgo de perder mi licencia y ser multado, la necesidad era más grande que no pude dejar pasar esa oportunidad. Cuando les dije que estaba dispuesto a aceptar la oferta todos se rieron y no podían creer lo que estaban escuchando. Seguidamente me dieron el dinero y nos pusimos de acuerdo que me iban a esperar en la otra esquina, por si acaso las autoridades se daban cuenta de mi infracción. Yo les dije que no fueran cobardes y que si me arrestaban a mí que nos arrestaran a todos.

Mientras yo estaba sentado en el carro mi mano temblaba cuando puse la llave en el guía. Luego miré que uno de los policías se acercaba. Era una mujer y mientras ella caminaba se componía su cabello, el gorro y el cuello de su uniforme. En aquel momento pensé que estaba esperando que yo moviera el carro para detenerme. Por unos momentos reflexioné en las consecuencias, pero aquel día el hambre y el deseo por sobrevivir ganaron la batalla.

Encendí el carro y amablemente le pedí a la oficial que moviera el palo de madera para que yo pudiera salir del bloque. Lentamente fui moviendo el carro pensando que quizás solamente llegaría a la esquina. Cuando apenas salí quería meter el acelerador a toda velocidad, pero seguí a paso de tortuga. Pensaba que los policías estaban esperando que los demás se subieran para arrestarnos.

Para mí sorpresa ya los muchachos no estaban en la esquina y pensé que se habían marchado, pero estaban esperando en la otra esquina que seguía. Todos entraron al carro de tal manera como si hubieran sido unos delincuentes acabando de asaltar un banco. Finalmente llegamos al parque y nos divertimos todo el día.

Mi primer empleo luchando por sobrevivir

Sabía muy bien el idioma inglés cuando llegué a los Estados Unidos, pero esto no ayudó en nada mi situación de desempleo. Recuerdo los comerciales de Inglés sin Barreras asegurando que el hablar inglés garantizaba el éxito. Cuando buscaba trabajo encontraba que todas las puertas se cerraban y siempre me decían: "Por favor no llame, nosotros nos comunicaremos con usted".

Un día decidí hacer lo que muchos hacen, acepté lo primero que llegó. Mi primer trabajo fue en una factoría en Brooklyn donde se fabricaba ropa y ganaba el salario mínimo de $3.35 la hora. Cuando calculé lo que ganaría semanalmente, me pregunté por primera vez en mi vida como podía sobrevivir la gente con ese salario tan miserable.

El primer día de trabajo a cada momento me acercaba a la ventana y al mirar las rejas de hierro me sentía como un preso. El cielo se miraba azul y el sol brillaba fuertemente, pero para mí el día seguía nublado. Mientras más miraba el reloj en la pared, más me desesperaba. Cada minuto y cada segundo parecían una eternidad. Varias veces iba al baño sin necesidad. Me encerraba allí queriendo escapar de aquella pesadilla.

Recuerdo muy bien que deseaba largarme de aquel lugar y encontrar algo mejor, pero tenía el compromiso de enviarle dinero al amigo que había empeñado sus cosas para que yo pudiera viajar. A la hora del almuerzo esperé quince minutos para usar el microondas. Cuando iba a calentar la comida, la supervisora me dijo que la hora de comer había terminado y tenía que regresar a trabajar.

A pesar que en aquella época de mi vida me sentía derrotado, luchaba también por ser optimista. Entonces aprendí a cargar dos paracaídas al mismo tiempo por si acaso el avión se cae y el primer paracaídas no funcione. En el segundo día de trabajo resolví el problema de mi almuerzo. Envolví la comida en papel de aluminio y la coloqué entre las tuberías de la calefacción del edificio. El sabor se alteraba un poco, pero por lo menos la comida se mantenía caliente y podía sentarme a comer con tranquilidad. Todos los días llevaba el mismo almuerzo. La noche anterior compraba comida china y guardaba la mitad para el día siguiente.

A las pocas semanas de estar trabajando en esa factoría le comentaron a la supervisora que yo tenía documentos y sabía hablar inglés. Cuando ella se acercó y me preguntó: ¿Qué haces aquí?", la miré sin saber de que me hablaba. Por un momento pensé que me iba a echar del trabajo por que iba al baño con mucha frecuencia. Luego me dijo: "Tú naciste en los Estados Unidos, sabes muy bien el idioma y puedes encontrar un mejor empleo". Me sentí un poco avergonzado sin saber que responderle, pero le conté que acababa de llegar al país y quería devolver un dinero que me habían prestado.

Minutos antes una empleada también le había dicho el nombre de mi madre y lo que ella continuó diciendo me estremeció el corazón. La supervisora me dijo: "Yo conozco a tus padres. Cuando tu madre estaba embarazada de ti, trabajó en este mismo lugar". ¡Que ironías de la vida!, estando en el vientre de mi madre sin saber que diecisiete años después yo estaría en aquel mismo lugar deseando huir y nunca haber estado allí. Cuando recibí mi tercer cheque decidí dejar aquel trabajo sin haber encontrado otro. Estaba preocupado al no saber como me ganaría la vida, pero por lo menos cumplí con pagar la deuda de mi amigo.

Días después mi hermano mayor me recomendó un trabajo en una bodega, a solo minutos de la casa. La idea no estaba mal, pero cuando mencionó el horario y el salario no valía la pena. Se trabajaba de lunes a sábado durante doce horas al día, de siete de la mañana a siete de la noche. El salario era de 125 dólares semanales. En otras palabras, setenta horas a la semana que ni siquiera el pago equivalía a dos dólares la hora. Aunque yo no tenía la más mínima intención de trabajar en esa bodega, por curiosidad le pedí a mi hermano que me mostrara donde estaba ubicada. En la parte de afuera de la bodega había muchas frutas y vegetales que un empleado tenía que cuidarlas bajo el sol, la lluvia y la nieve.

Muchas veces cuando caminaba por el frente de esa bodega, pensaba que nadie iba a trabajar allí por el miserable sueldo, pero conocí a dos muchachos mexicanos quienes eran los nuevos empleados. Ellos trabajaron allí por mucho tiempo. Los dueños de origen asiático explotaban a estos trabajadores al saber que eran indocumentados y no hablaban muy bien inglés. Al igual que muchos, ellos no tenían muchas alternativas y se encontraban obligados a trabajar bajo condiciones inhumanas.

Siempre los admiré, pero nunca quise estar en su lugar. A pesar de lo poquito que recibían, estos hombres se ganaban la vida honradamente y decidieron no escoger el camino de la delincuencia o el mundo de las drogas. Cada vez que los miraba resonaba el consejo de mi padre: "Cuando trabajes aunque sea poco es mejor que el dinero mal ganado porque siempre podrás caminar con la frente en alto".

Mis padres también me aconsejaban que no dejara la educación porque me podría ayudar a realizar algunos de mis sueños y quizás no tendría que hacer los trabajos que ellos hicieron en su vida. Un día fui a trabajar a un almacén de Kmart donde mi papá y sus amigos habían trabajado por más de veinte años. El primer día me pusieron a cargar un camión. Las cajas color marrón venían a toda velocidad por una correa y yo pensaba que iba a quedar enterrado entre ellas. No había pasado ni siquiera una hora cuando me pregunté como mi padre y tanta gente había trabajado así por tantos años.

Después de haber cargado el camión de cajas, me di cuenta que la esclavitud todavía estaba presente en los Estados Unidos. De regreso a casa noté que los edificios, los carros, los semáforos y hasta la gente se miraban de color marrón. Como la trayectoria era larga desde Nueva Jersey hasta Brooklyn, esperaba que los colores regresaran a su normalidad. Sin embargo, cuando llegué al apartamento seguía en mis ojos el color de las cajas.

Busqué mil excusas para no seguir en ese trabajo, pero me quedé para no avergonzar a mi padre e hice todo lo posible por seguir adelante. Al segundo día de trabajo me caí a propósito para que me despidieran y todos pensaran que había sido por un accidente. Cuando me llevaron a la oficina me sorprendí. El supervisor en lugar de echarme me mandó a trabajar a la cafetería donde las tareas eran más livianas y además tendría comida gratis.

Mis compañeros me preguntaban como había conseguido esa posición tan rápido, yo solamente sonreía. Sin embargo, la alegría me duró poco ya que una de mis tareas era de pelar sacos de cebollas. El olor era tan fuerte que aunque me cubría la cara con bolsas plásticas y dejaba las cebollas en agua por un rato, todo era en vano. Los que llevaban más tiempo en la cafetería se reían recordando los tiempos cuando ellos también partían cebollas con lágrimas en sus ojos.

Invitado a sentarme en la silla del rey

$\mathcal{L}$levaba casi dos años en otro trabajo que por más que odiaba no podía dejarlo. Madrugaba todos los días desde Brooklyn a Nueva Jersey, pero la pesadilla más grande era saber que mi jefe esperaba ansiosamente que yo cometiera un error para sacarme. Me desempeñaba como guardia de seguridad. Una vez perdí la llave maestra la cual tenía acceso al edificio completo. Mi jefe obviamente estaba enojado, pero a la vez contento porque sabía que por fin lograría despedirme. Él me dijo: "Lo que tú has hecho le costará a la compañía más de tres mil dólares, esta vez no te vas a escapar".

Indudablemente, él estaba seguro que en esa ocasión me echarían. Minutos después la secretaria le informó que según los reglamentos de la compañía, lamentablemente no podían despedirme. Él se enfureció más cuando le dijeron que años atrás habían cambiado ese reglamento, después que despidieron a una persona que también había perdido la llave. Él jefe entonces me dijo: "En esta ocasión no logré echarte, pero quiero que sepas que estás patinando sobre hielo fino".

Le pregunté a su asistente el significado de esas palabras pues en el momento que las escuché aunque tenía una sonrisa en mi rostro, por dentro temblaba de miedo imaginando lo que me esperaba. Después de un rato me explicaron que el jefe trató de decirme que yo estaba agarrado de una soga que pronto se iba a romper y caería en el vacío. Pasaban los meses y para llevar la fiesta en paz siempre le aseguraba al jefe que pronto me iría. Él siempre me decía: "Haz la renuncia por escrito y quiero que pongas la fecha y tu firma". Pasaron así casi dos años hasta que el jefe decidió acabar con todo este dilema porque se había dado cuenta que yo no tenía planes de largarme.

Un día el jefe mandó a buscar a un compañero de trabajo, mientras él iba de camino a la oficina no se imaginaba que en realidad iba de camino al matadero. Antes de irse tuve la oportunidad de verlo por última vez. Desesperadamente él me buscó en medio de los demás compañeros y corrió hacía mi porque se imaginaba que ese día yo también correría con la misma suerte.

Él se acercó por una de las puertas de la parte de atrás del edificio donde se estacionaban los camiones y me dijo: "Hoy ha sido el peor día de mi vida. Esta mañana tuve un accidente y choqué de frente. Cuando llegué al trabajo mi novia me abandonó y ahora mismo me acaban de llamar a la oficina para despedirme. A ti también te va a mandar a buscar. Haz lo que tú quieras, pero no te sientes en su silla". Cuando le pregunté el porque, me dijo: "El jefe puso su brazo en mi espalda, me pidió que me acomodara y relajara en su silla. Yo confiado pensé que me iban a dar un aumento de sueldo porque que no había recibido uno por tanto tiempo, pero me echaron como a un perro". Luego me repitió que por nada me sentara en la silla del jefe cuando fuera a su oficina.

A los pocos minutos dicho y hecho, el asistente me llamó para decirme que el jefe necesitaba verme. Entré a la oficina y parecía que la misma historia se repetiría. El jefe colocó su brazo en mi espalda y mientras me invitaba a sentarme en su lujosa silla de cuero, noté que a mi lado había otra silla sencilla de hierro. Cuando abrí la silla, le dije: "Mejor me siento en esta". Él insistió que me acomodara y me relajara, pero yo me senté en la silla de hierro.

Al saber que dentro de unos pocos minutos quedaría sin trabajo, recordé cuando justamente antes de haber conseguido ese empleo me iban a sacar del apartamento porque debía tres meses de renta. Al saber que esa triste historia se repetiría no pude contenerme y empecé a derramar lágrimas. De regreso con el papel rosado en la mano, él me miró y parece que aquel día Dios le tocó el corazón porque echó el papel en el basurero.

Meses más tarde la compañía se fue en bancarrota y se vieron obligados hacer un despido masivo. Cuando mis compañeros me vieron saltando de alegría pensaron que estaba loco. Uno de ellos me preguntó porque estaba tan feliz y le conté lo miserable que me sentía en ese lugar. Me acababan de despedir del trabajo, pero me sentía bien porque por lo menos iba a recibir compensación laboral, tomar unas vacaciones y recuperarme de esa larga pesadilla.

La oración de los cien mil dólares y el Mercedes Benz

---

*P*asaban los días, las semanas, los meses y los años. En medio de mi desesperación le pedía diariamente a Dios que me ayudara a reunir por lo menos cien mil dólares. Quería volver a la República Dominicana, pero si regresaba con las manos vacías todos se burlarían. Por otro lado, mis padres constantemente me reprocharían el haberme fugado de la casa.   Mientras el tiempo pasaba todo seguía igual o peor. Al pensar que quizás estaba siendo demasiado exigente, un día le dije a Dios que me conformaría con 90, luego con 80 o 70 mil dólares. Finalmente bajé la cantidad y le supliqué que por lo menos me diera   10 mil dólares para poder regresar con mis padres.

Estaba seguro que nunca triunfaría y al darme cuenta que ni siquiera podía reunir mil dólares, me di por vencido enterrando así aquel sueño. Sin embargo, 16 años más tarde Dios me respondió. El día cuando recibí el cheque en la mano, me dije esto no puede ser. Salí corriendo de la oficina sin ni siquiera haberle dado las gracias a la pareja que había comprado nuestra casa.

Luego me detuve por un momento, regresé para darles las gracias y me dieron la mano. Recordé cuando desesperadamente le oraba a Dios y le dije en ese momento: "Ahora si me hubiera podido regresar, pero las cosas han cambiado. Ya no soy aquel hombre soltero y sin compromiso". Tenía una familia y sabía que a mi esposa no le iba a gustar la idea de irse a vivir a otro país.

Aún recuerdo mi primer carro, cuando lo compré jamás había visto uno igual ni siquiera la marca "Pinto" me era familiar. Le pregunté a mi tío que compañía lo fabricaba. Él me dijo que la Chevrolet quienes tenían muy buena reputación en carros y se lo compré por 500 dólares. Según mi tío el carro estaba en muy buenas condiciones y además era muy económico. Al principio me emocionaba al mirar que supuestamente el tanque del combustible se llenaba con unos pocos dólares, pero luego me di cuenta que el marcador era un mentiroso.

El marcador subía y bajaba a cada momento, pero nunca me decía la verdad. A los pocos días me di cuenta que pronto mi cacharro iría a parar al cementerio. Me preguntaba porque si ese carro era tan bueno como decía mi tío, cuando miraba a mí alrededor no había otro igual. Creo que yo era el único en toda la ciudad de Nueva York que manejaba un Pinto. Todos me miraban cuando yo pasaba y me preguntaba: "¿Será por el color azul cielo que tanto les gusta mi carro?".

Un día al poco tiempo de haberlo comprado me quedé sin frenos y ni siquiera la emergencia funcionaba. En ese momento de desesperación recordé cuando miraba las caricaturas de los Pica piedras. Entonces abrí la puerta y les grité a mis primos que tratáramos de detener el carro con los pies. Mientras hacíamos esa maniobra de las caricaturas, noté que salía humo de la parte de abajo de mis zapatos y cuando logramos detener el carro la suela estaba desgastada.

Mis amigos y familiares eran muy valientes porque no solamente se subían a un carro viejo, feo y pasado de moda sino con un conductor inexperto como era yo. Mientras entrábamos a la autopista entre Brooklyn y Queens, les aseguraba que ya tenía experiencia manejando mi cacharro porque todos pensaron que aquel día moriríamos. Estaban tan asustados que creyeron que yo era un suicida. Cuando me preguntaron que donde había sacado mi licencia, les dije que ni siquiera seguro tenía el carro. De hecho si estaba asegurado porque tenía la placa, pero era un seguro fantasma.

Les conté que mi tío quien me había vendido el carro con el seguro incluido me advirtió que si en algún momento la policía me detenía, no tendría ningún problema. El carro aparecería en el sistema registrado y con seguro como manda la ley. En cambio, en caso de un accidente tenía que huir. En aquel momento todos querían salirse del carro, pero no había un lugar donde detenernos. Siempre había soñado con un Mercedes Benz. Sin embargo, la realidad de mi vida era otra hasta que un día le arranqué la medalla a un Benz legítimo y la coloqué al frente de mi cacharro.

Conociendo a los Yankees de Nueva York

Toda mi vida he sido un fanático de los Yankees. Cuando era un niño miraba casi todos los partidos y los que no eran televisados los escuchaba por la radio e igualmente me emocionaba. Recuerdo todavía la primera vez que mi padre me llevó al estadio de los Yankees. Cuando tenía diez años estaba ansioso por conocer a los jugadores. De la noche a la mañana pensé que mi sueño anhelado se convertiría en realidad, pero se fue desvaneciendo mientras mirábamos el juego desde los últimos asientos del estadio donde los jugadores parecían hormigas.

Mi tío muy emocionado exclamaba: "¡Son verdaderos, son verdaderos!", como si los jugadores fueran muñequitos sacados de la pantalla y convertidos en seres humanos. Mi padre con una sonrisa en su rostro nos afirmaba que los Yankees sí eran verdaderos. Yo me sentía avergonzado porque quería también gritar de la emoción que los jugadores eran de verdad. Mientras seguíamos mirando el partido, me sentía disgustado con mi padre por haber comprado los boletos más baratos. La distancia era tan larga que hubiera preferido ver el partido por la televisión. Hoy día sé que mi padre no ganaba lo suficiente para comprar boletos en los primeros asientos, pero de igual manera me siento agradecido con él.

Pasaron los años y continuaba mirando a los Yankees por televisión. Estaba convencido que mi sueño de conocerlos en persona se haría realidad, pero solamente en un mundo de fantasía. En muchas ocasiones soñaba con ir al estadio, pero ni siquiera tenía suficiente dinero para ir al trabajo. En aquel tiempo mi salario era $3.35 por hora. Me encontraba en un callejón sin salida, angustiado y desesperado por sobrevivir.

Todos los días mientras viajaba por tren, miraba el periódico buscando un segundo empleo. Llamé a una compañía donde necesitaban guardias de seguridad. Ellos estaban entrevistando de inmediato. La oficina estaba localizada cerca de las torres gemelas, por esta razón pensé que el pago sería lucrativo. Odiaba mi primer trabajo y aún más el segundo cuando recibí mi primer cheque porque pensé que iba a ganar más de lo que estaba ganando en el otro empleo, pero allí estaba en blanco y negro $3.35 por hora.

Todos los días deseaba huir de aquel trabajo que odiaba con tanta pasión, sin imaginarme que el nuevo empleo me llevaría a realizar mí primer sueño que era el conocer a los Yankees de Nueva York. Un día el jefe me preguntó si quería trabajar el fin de semana e inmediatamente le respondí que estaba muy cansado. Él sabía que yo era un gran fanático de los Yankees y por nada dejaría pasar por alto esa oportunidad. Él me comentó que los jugadores de mi equipo favorito estarían en la ciudad de Nueva York recaudando fondos para una institución benéfica. Por esa razón, mi jefe necesitaba varios empleados ese fin de semana. Sin pensarlo dos veces, esta vez le dije que sí estaba dispuesto a trabajar.

En medio de tanta algarabía me sentía muy alegre, finalmente estaba logrando realizar mi sueño. Cuando ya los jugadores habían cumplido con su compromiso y se preparaban para irse, sentí que aquel sueño nuevamente se iba desvaneciendo. Justamente en el momento preciso, mi supervisor me dijo: "Necesito que escoltes a los Yankees…". Yo tenía 18 años en aquel tiempo y al escuchar aquellas palabras pensé que era la peor broma que me estaban haciendo. Mientras seguía allí parado sin moverme como una piedra, quería decirle a mi jefe:

"¿Acaso usted está bromeando?, yo no tengo una pistola o esposas. Solamente tengo una insignia falsa y un uniforme que no se asemeja en nada al verdadero". Una vez más él me ordenó que inmediatamente escoltara a los Yankees.

Caminaba con los jugadores cuando me di cuenta que mi presencia no era necesaria. Ellos podían defenderse de quien fuera, especialmente el gigante quien era nadie más ni nadie menos que Dave Winfield. Cuando entramos al elevador me encontré en el centro rodeado por los mejores jugadores. Mientras daba la vuelta admirándolos, me preguntaba si estaba soñando. Era un elevador común y corriente, sin luces que brillaban y los jugadores estaban vestidos de saco y corbata. Cuando el elevador comenzó a descender deseaba que se dañara para estar más tiempo con ellos.

Tuve la oportunidad de tomarme fotografías con Roberto Kelly y Rickey Henderson. Cuando miré a Don Mattingly, pensé que él me diría que no porque se miraba de mal humor, pero yo estaba equivocado. Él no solamente sonrió sino que amablemente puso su brazo detrás de mi espalda. Dave Winfield sería el último en mi lista, pero ya el elevador había llegado a su destino. Mientras unos de los jugadores me devolvía la cámara, el elevador quedó completamente vacíó como cuando se van los jugadores del estadio y se apagan las luces.

Estuve adentro por solo unos segundos, pero parecía como si hubiera estado allí por un largo tiempo. Aquella noche mi sueño se convirtió en uno de los momentos más hermosos de mi vida. Era un sueño hecho realidad que jamás olvidaría.

Huellas en el camino que nunca se olvidan.

A través de la vida he conocido mucha gente, pero son pocas las que han tocado mi corazón de una manera especial. Hay personas que vemos tan solo una vez, pero dejan huellas marcadas que ni siquiera el tiempo las puede borrar. Era una noche fría, lluviosa y uno de los momentos más difíciles en mi vida. Caminaba hacía la casa sin un peso en el bolsillo deseando que alguien se detuviera y cuando pensé que nadie lo haría me di cuenta que estaba equivocado.

En aquel momento un señor de piel oscura, barba gris y con una sonrisa que mostraba que la vida le sonreía, se detuvo y me preguntó si quería subir al bus. Cuando le dije que no tenía dinero, él me dijo que no importaba. Esa noche para mi la vida no tenía sentido, pero al mirar la bondad de aquel hombre sentí la presencia de Dios. Miré aquel hombre solamente una vez hace veinte años, pero si nuevamente me encontrara con él lo reconocería.

En un mes de diciembre iba a visitar a mi familia a la República Dominicana. Ese día el vuelo lo cancelaron porque había caído mucha nieve. En el aeropuerto me dijeron que podía regresar a la casa o irme a un hotel. No me gustaba la idea de pasar la noche en un hotel, pero era más fácil quedarme cerca del aeropuerto.

Otras personas también decidieron quedarse. Entre las cuales conocí a un señor muy bien vestido con saco y corbata que parecía todo un empresario. Recuerdo también a un hombre con muchas cadenas de oro que impresionaba a todos, pero en especial recuerdo a un señor de cabello canoso, vestido de camiseta, jeans y tenis que se confundía como un trabajador de alguna bodega. En tan solos minutos, después de haber visto a los pasajeros ya me había formado una imagen basada solamente en lo exterior de la persona.

Han pasado muchos años de ese viaje y las palabras del hombre de cabello canoso y humilde han perdurado en mi vida. Cuando él me preguntó si yo era un estudiante, pensé que me iba a dar un discurso como los que había escuchado de mis padres. Le dije que sí estaba estudiando, pero no era cierto. Estaba cansado de escuchar el mismo tema de la educación, siempre me preguntaban y me decían lo mismo por eso prefería mentir sin darme cuenta que me engañaba a mi mismo.

Aquel señor era un profesor de educación primaria en la ciudad de Nueva York. Como si fuera mi padre, él me dijo: "Todavía estás joven y puedes terminar tu educación aunque uno nunca deja de aprender porque el estudio es de por vida". Me sorprendí cuando él no mencionó que con el estudio podría ganar mucho dinero y una buena posición. Sus palabras iban más allá de lo material. "Estudiar es hermoso. Es algo que podrás llevar contigo donde quiera que tú vayas por el resto de tu vida y nadie te lo podrá quitar", él terminó diciendo.

Esas palabras fueron tan profundas que algún día las quiero compartir con mis hijos. Mi esposa y yo tenemos tres niños que todavía están pequeños. Años atrás ella se había dado por vencida con sus estudios. Hoy día se está preparando para ser enfermera, espero en Dios que algún día alcance su sueño.

Cuan frágil es la vida

En Brooklyn conocí a un señor dueño de una bodega, llamado José. Al igual que muchos, él arriesgaba su vida todos los días trabajando incansablemente en su negocio. Un día me contó muy alegre que había comprado el pasaje para ir a la República Dominicana. El propósito de su viaje era pasar el día de las Madres con su mamá y por un tiempo también olvidarse de sus obligaciones. Sin embargo, semanas antes del viaje tan esperado en un abrir y cerrar de ojos acabó su vida. Dos jóvenes armados asaltaron su negocio muriendo él de dos disparos, uno en el cuello y otro en la espalda. En aquel trágico momento se encontraba también uno de mis tíos el cual tuvo la dicha que lo dejaran con vida. En el mismo lugar donde este bodeguero trabajó fuertemente por largos años para realizar el sueño americano, perdió todo hasta su vida.

Tres días después de la muerte de mí amigo, al regresar de mí trabajo encontré a mi tío en la misma esquina de toda la vida. Como de costumbre él tenía una cerveza en la mano y un cigarrillo en la otra. Esa era una escena que yo estaba acostumbrado a mirar diariamente, pero aquel día era distinto a los demás porque miraba que sus manos temblaban fuertemente. Cuando le pregunté a mi tío que le pasaba, él me dijo: "Yo estaba adentro de la bodega cuando asaltaron y mataron a José. A mi también me pusieron la pistola en la cabeza y me ordenaron que me acostara en el piso". Yo le dije: "Usted es dichoso porque esta es la segunda vez que le sucede lo mismo. Yo en su lugar estaría ahora mismo de rodillas dándole gracias a Dios por la vida". Años más tarde, mi tío falleció de cáncer. Me pregunto a veces si su enfermedad avanzó tan rápido por falta de atención en el hospital o quizás por temor de ir al médico cuando se trató su condición era demasiado tarde. ¡Que en paz descansen mi tío y mi amigo José, el bodeguero!.

En aquel año meses más tarde salí de Nueva York pensando que nunca más regresaría. Decidí mudarme al estado de Massachusetts en busca de una vida mejor, pero un año más tarde regresé derrotado. Me sentía frustrado porque había fracasado en la búsqueda de mis sueños. Meses después me levanté y decidí intentar una vez más. Desde entonces han pasado catorce años que vivo en Massachussets. Hoy día sigo viajando a Nueva York y recuerdo cuando luchaba por alcanzar el sueño americano.

Tres días antes del once de septiembre del año 2001, en un sábado por la tarde paseaba en la gran manzana. Mientras tomaba fotos cerca de un toro hecho de acero, miré hacía lo alto de las torres gemelas. Recordé años atrás cuando trabajaba de mensajero recorriendo a pie toda la ciudad. Nunca le decía a mi familia y amistades que era mensajero y que trabajaba solamente a medio tiempo.

Yo les decía que trabajaba para un banco en la zona más exclusiva de Manhattan, pero nunca supieron que caminaba tanto que se me hacían huecos en los zapatos. El jefe me daba el dinero de la transportación para que yo avanzara entregando los paquetes, pero prefería caminar y guardaba el dinero para comer y pagar el tren de regreso a casa. Semanalmente le decía a mi madre que pronto compraría una camioneta nueva, haciéndole creer yo que tenia bastante dinero. A cada momento ella me preguntaba por la tal camioneta y yo le respondía que pronto la compraría. En aquella época de mi vida, no me sobraba dinero ni siquiera para comprar una bicicleta.

Aquel día de visita en Nueva York observé los edificios con gran admiración. Nunca imaginé que sería la última oportunidad que tendría   para subir a las torres gemelas y desde ahí admirar la belleza de la gran manzana. Mientras señalaba los edificios, le dije a mi hijo que subiéramos   a las torres para observar la ciudad. Era una tarde hermosa donde   el cielo estaba azul y despejado. En aquel mismo instante al niño casi se le salen los ojos del susto y   por nada quiso subir a los edificios. Solamente visitamos la Estatua de la Libertad después que lo convencí a subirse en el barco ofreciéndole dinero y almuerzo en Mc Donalds.

Mientras viajaba en el barco hacía la Isla de Ellis, recordaba como luchaba en vano por alcanzar el sueño americano. Diariamente luego de una larga jornada de trabajo, observaba en el tren a la gente bien vestida cargando un maletín entre las piernas y el periódico en la mano. Yo deseaba estar en sus zapatos aunque nunca los miraba sonreír y me preguntaba si realmente eran felices.

Un mes más tarde de la tragedia de las torres gemelas regresé a Nueva York. Mi hijo me rogó que lo volviera a llevar. Él me acompañó aunque pensé que él estaba muy pequeño para comprender lo que había sucedido el 11 de septiembre. Cuando llegamos a la zona cero había tanta gente que nuestro paso era lento.

Muchos estaban escribiendo sus nombres en una sabana blanca muy larga e inmediatamente mi hijo se unió a ellos. Después de unos minutos lo apresuré, pero él me rogó que lo dejara quedarse más tiempo.

Aquella tarde constantemente miraba el reloj como cuando vivía en la ciudad de Nueva York. Cuando apresuré al niño recordé que me había hecho la promesa de jamás usar un reloj. Al mirar nuevamente a mi hijo de rodillas y pensar que tan solo era un niño sin más prisa lo dejé que escribiera su nombre cuantas veces quiso. Estoy seguro que él recordará aquel día por mucho tiempo. Yo nunca olvidaré cuando miré la imagen de los edificios derrumbándose, ni aquel lugar cuando en sus mejores tiempos fue el centro de atracción para muchos. Tampoco olvidaré las flores y tarjetas esparcidas, pero sobre todo nunca olvidaré el rostro de tanta gente que derramaban lágrimas y se abrazaban por los que perecieron en las torres gemelas.

Mi querida suegra

Cuando era soltero había escuchado muchas historias de suegros que le hacían la vida imposible a sus yernos. Recuerdo la historia de mi amigo Rafael Solano. Él tenía que llevar su propia silla cada vez que visitaba a su novia porque el padre de ella no lo dejaba sentarse en el mueble. Cuando terminaba su visita él dejaba la silla en casa de los vecinos. El padre de su amada también le negaba comida. Cuando mi amigo hacía una compra, la suegra le tenía que recordar a su esposo quien había llevado la comida y mi amigo era invitado a comer en casa de su novia.

Yo le contaba a mi amigo los problemas que tenía con mi suegra. Él me decía que no me preocupara porque algún día cuando tuviera hijos, ella tendría que aceptarme y me iba a querer. Él me contó como luchó por el amor de su esposa y hoy día sus suegros lo reciben con los brazos abiertos. Luego él me dijo: "No te preocupes ella tendrá que cambiar, dale tiempo". Ha pasado casi una década desde que me casé, a mi suegra le he dado tres nietos y otro que viene en camino, pero la profecía de mi amigo no se ha cumplido. A veces me pregunto: ¿Será que tendré que esperar diez años más o darle una docena de nietos?.

Mi amigo se equivocó en cuanto a mi suegra, pero lo considero un experto en el matrimonio. Un día me dijo una gran verdad que me hubiera salvado de muchos dolores de cabeza, si hubiera llevado este consejo al pie de la letra. Él me dijo: "No importa lo que tu esposa diga, siempre dile que sí. Aunque el vaso sea de color azul y ella te dice que es rojo, dile que sí. De esta manera te vas a evitar muchos problemas". Si hubiera escuchado el consejo de mi amigo, nunca hubiera tenido que dormir en el sótano.

Cuando visitaba a mi novia en la ciudad de Nueva York tocaba la puerta y aún teniendo un pie adentro y el otro afuera mi suegra me preguntaba el día y la hora en que yo regresaría a mi casa. Todos los viernes me hacía la misma pregunta. Cuando llegaba el domingo ella miraba el reloj y luego me miraba. Después de un minuto nuevamente miraba el reloj y me decía: "Hoy es domingo, ya son las cinco de la tarde y usted dijo que se iba hoy a esta hora". Después de haberme preguntado lo mismo por tres fines de semana consecutivos, mientras entraba por la puerta le dije: "No me pregunte ni el día ni la hora porque no se cuando me iré". Pasaron varios fines de semanas ella seguía con la misma pregunta y yo con la misma respuesta. Finalmente se cansó porque sabía que yo le respondería con la misma frase.

Batallé con mi suegra por dos años y en muchas ocasiones casi me doy por vencido. Yo quería colgar la toalla, pero hoy día me he dado cuenta que verdaderamente valió la pena luchar por su hija. Después del amor de Dios, mi esposa ha sido el regalo más hermoso que él me ha dado. Nunca le guardaré rencor a mi suegra. Todavía tengo la esperanza de que algún día me reciba con los brazos abiertos. Recientemente le envié una copia de este libro a mi suegra, pero me aseguré de no haber añadido este capítulo.

Pro a la vida el nacimiento de nuestra hija

$\mathcal{E}$l nacimiento de nuestra hija ha sido uno de los momentos mas hermosos en nuestras vidas y a la vez quizás el más difícil. Antes de nacer nos recomendaron abortarla. Había una alta probabilidad que ella iba a nacer con problemas genéticos, pero desde el primer momento con mucho amor y gran valentía la aceptamos. Los médicos nos aconsejaron que lo pensáramos bien. Nos dijeron que podíamos regresar en cualquier momento para terminar el embarazo. No había nada que pensar porque desde el primer momento habíamos aceptado a nuestra bebé. Pasaban los meses y cada vez notaba que mi esposa estaba bajo mucho estrés pensando en nuestra criatura que se formaba dentro de su vientre. Yo siempre le aseguraba que todo saldría bien.

El día en que nació nuestra hija el médico confirmó que había nacido con necesidades especiales. Pocas horas después del parto mientras yo contemplaba a mi hija en el cuarto de cuna, encontré a mi esposa llorando. Ella me dijo: "Eddie, la niña está enferma". Yo pensé que sería algo menor como un resfriado, pero cuando una vez más me repitió: "La niña está enfermita...", comprendí. Abracé fuertemente a mi esposa y nuevamente le dije que todo saldría bien. Le recordé que con la ayuda de Dios enfrentaríamos los desafíos de la vida con amor y valentía.

A la mañana siguiente en el hospital nos preguntaron si ya teníamos un nombre para llenar el acta de nacimiento de nuestra hija. Mi esposa había escogido un nombre, pero a mi no me gustaba. Antes de firmar le pregunté si estaba segura de llamar así a nuestra hija. Dos días después una enfermera me preguntó cual era el nombre de la niña. Cuando le respondí me preguntó si sabía el significado y seguidamente me dijo: "Abigail, es un nombre bíblico que significa la alegría de un padre". En ese momento me sentí tan dichoso y le dije a Dios que mi esposa había escogido el nombre más hermoso para nuestra hija.

Cuando mi familia nos visitaron y vieron a nuestra hija por vez primera, fueron muy pocos los que nos dieron palabras alentadoras. Al mes que nació nuestra hija Abigail cuando mi esposa todavía estaba recuperándose de su primer parto, alguien le dijo: "Tú nunca más vas a poder hacer nada en la vida. La niña será una carga por el resto de tu vida". Dos años más tarde nos encontrábamos en una reunión familiar. Mi hija estaba sentadita en el centro de la sala compartiendo una galleta con las personas que estaban a su alrededor. Entonces una persona dijo: "Mira como nació tu hija con problemas. No tengan más porque les sucederá lo mismo". Después de una breve pausa siguió diciendo: "Tu hija y los niños como ella no lloran y tampoco tienen sentimientos". Yo la miré a los ojos y dije en mi mente: "Si tú supieras…".   En   aquel   momento recordé aquellos lindos momentos compartidos con mi hija.

No puedo negar que hemos derramado muchas lágrimas tratando de comprender los desafíos en el camino de la vida, pero la vida es tan hermosa que no podemos imaginarla sin ella. Han sido más los momentos felices al lado de nuestra hija que si yo siguiera contando la historia de ella, no terminaría de escribir hoy día. Cada día le damos gracias a Dios por ella y nuestros dos hijos, júnior y Josué. Ellos reciben y le dan mucho amor a nuestra hija Abigail.

El Gordo, La Flaca y Juan Luís Guerra

Este capitulo y el siguiente no estaban incluidos en el libro. Decidí añadirlos después de haber realizado parte de otro sueño anhelado. Quisiera realizar la otra mitad de ese sueño a través de las páginas de este libro. El día que celebraron el Séptimo Latín Grammy del 2006 me levanté muy temprano deseando encontrarme con los presentadores del programa el Gordo y la Flaca y el popular cantante Juan Luís Guerra. Antes de salir hacía el Madison Square Garden, me senté en el mismo lugar donde una vez había amontonado muchas monedas con alegría e ilusión. Me sorprendí al pensar que a pesar que habían pasado más de veinte años me encontraba en la misma mesa, pero esta vez estaba escribiendo una carta.

Por un momento me pregunté: "¿Será que la dicha me acompañará éste día?". Mi sueño era entregarle algo personalmente a Juan Luís Guerra, pero igualmente me hubiera sentido satisfecho si hubiera sido a través del Gordo y la Flaca. Mientras iba de camino nunca imaginé que no solamente lograría mirar al Gordo de Molina y a Lili sino también tendría la oportunidad de encontrarme cara a cara con Juan Luís Guerra y entregarle lo que llevaba en mi mano.

Cuando llegué al Madison Square Garden estuve muy cerca del gordo y la flaca. Una barricada nos separaba y por más que intentaba acercarme era imposible. Le mostré al gordo lo que llevaba en mi mano y le pedí que por favor se acercara. Él me respondió que en aquel momento no podía porque estaban grabando en vivo. Aunque no logré mi objetivo a través de él, agradezco que me haya respondido. Después de haber esperado por mucho tiempo, las autoridades nos pidieron que saliéramos de la carpa. Mientras yo seguía tratando de acercarme, una policía de origen hispano amenazó con arrestarme. En aquel momento decidí regresar a la casa. Me dije: "Si me arrestan, ¿cómo le explicó a mi esposa que mi único delito ha sido tratar de entregarle algo al Gordo de Molina?". Nunca he sido arrestado y ése día no quería pasar una mala noche en la prisión. Pensé en mi dos primos Félix y Frankie quienes son policías en la ciudad de Nueva York, pero luego me dije: "¿Qué tal sino me dejan usar el teléfono para comunicarme con ellos?". Entonces mejor decidí irme a casa y pasar la tarde al lado de mi familia. Por lo menos esa noche dormiría en una buena cama y no en una celda.

Mientras me iba alejando sin ninguna prisa, observaba a los fanáticos y a los artistas que llegaban. Cuando miré hacía atrás por última vez no podía creer lo que estaba viendo. La ventanilla de un carro bajaba lentamente y ahí se encontraba el cantante Juan Luís Guerra. Pensé que él se iba a bajar, pero el carro siguió su camino. Luego empecé a correr detrás del vehículo porque no estaba dispuesto a dejar pasar esa oportunidad.

Cuando el carro doblaba por la esquina se detuvo lentamente. Uno de los acompañantes de Juan Luís Guerra bajó la ventanilla y yo le entregué lo que llevaba en mi mano. Mientras me iba alejando muy contento pensando que había logrado mi sueño, miré hacía atrás una vez más. Entonces me di cuenta que uno de los acompañantes del cantante, tenía en su mano colgando por la parte de afuera del carro lo que yo le había entregado. En aquel momento pensé que lo dejaría caer al vació y otro carro lo convertiría en pedazos. Luego pasaría el camión de la basura y lo barrería, pero ellos tuvieron la cortesía de esperar que yo regresara y me devolvieron lo que me pertenecía.

Una señora que iba en el carro me dijo que era ilegal aceptar algo de mí o de cualquier persona del público. Estaba confundido porque pensé que si lo que me estaba diciendo era cierto, me tenía que considerar dichoso de no haber sido arrestado. Había tantos policías en aquel lugar incluyendo la que anteriormente amenazó con arrestarme. En aquel momento decidí no mirar más hacía atrás y me fui a casa.

Días después le comenté a mi amigo Félix Cancio lo que me había sucedido. Él me dijo que quizás Juan Luís Guerra pensó que yo era un terrorista que andaba con una bomba en la mano e intentaba hacerle daño. Aquella noche me miré en el espejo y me pregunté: "¿Será que parezco un terrorista?". Yo intenté acercarme al cantante porque quería compartir con él un sueño anhelado que hasta el día de hoy lo sigo buscando.

Lo que llevaba en la mano

$\mathcal{C}$uando me encontré con el cantante Juan Luís Guerra, lo que llevaba en mi mano era un sueño que nació el día que menospreciaron a mi hija. Además del prejuicio en contra de ella me dijeron que no tuviera más hijos porque también iban a nacer con algún problema genético. Cuando regresé a casa triste por lo que había escuchado empecé a escribir. Desde aquel día siempre he querido compartir aquel mensaje con todos, especialmente con aquellos que tienen hijos con necesidades especiales.

Lo que intentaba entregarle al cantante era un CD que contenía una canción titulada "No Pude Decirte Adiós", dedicada a mi hija Abigail. El día que viajaba a la ciudad para tratar de encontrarme con el artista Juan Luís Guerra, una persona escuchó la canción y me preguntó si la estaba vendiendo. Le respondí que nunca me ha interesado el dinero. Mi sueño siempre ha sido encontrar a un artista que la interprete. En varias ocasiones envié el CD a diferentes estaciones de radio, pero al ver que se trataba de un cantante no popular quien interpretaba la canción posiblemente echaron el CD al basurero.

El amigo quien interpreta la canción quizás nunca tendrá la oportunidad de caminar sobre la alfombra verde o roja, pero es un honor para mí mencionarlo en este libro. Él siempre ocupará un lugar especial en mi corazón. Mi agradecimiento al cantante Walter Morán por ayudarme a realizar este sueño. Agradezco al compositor Luís Pimentel quien también formó parte de este proyecto. Si usted desea escuchar la canción de nuestra hija puede visitar a la página de internet <u>www.vidahumana.org</u>. Luego seleccione "Escuche canciones próvida" y encontrará el tituló de la canción "No Pude Decirte Adiós". Allí podrá ver la letra de la canción y además podrá escucharla.

La primera estrofa de la canción dice así: Aún estando en el vientre de tu madre me dijeron que vendrías al mundo diferente. Que vendrías con dificultades y serías una carga para mí. Me preguntaron si quería ponerle fin a la incertidumbre pues la hora avanzaba, pero todavía estaba a tiempo y con solo mi firma todo se acabaría...Coro: Muy triste y agobiado miré hacía arriba. Le pregunté a mi Dios: ¿Quién soy yo para quitarte la vida?. ¿Cómo decirte adiós, cómo decirte adiós, cómo decirte adiós sabiendo que serías sangre de mi sangre y carne de mi carne?, después de haber escuchado tu tierno corazoncito latir...

La leche materna indudablemente la mejor

---

*P*or muchos años había escuchado a los expertos decir que la leche materna era muy importante y esencial para el desarrollo y bienestar de una criatura. Hay madres que no alimentan a sus hijos de esta manera porque sencillamente no pueden. En cambio, es triste saber que muchas no lo hacen porque su belleza exterior está por encima de todo. Ellas no toman en cuenta el beneficio que le estarían haciendo a sus criaturas.

Cuando mi hijo Júnior tenía alrededor de un año, comprendí cuan importante es la leche materna y verdaderamente los expertos no se han equivocado. Mi familia y yo estábamos de vacaciones en la República Dominicana y al parecer mi hijo se había quedado con hambre porque luchaba desesperadamente por desabotonarle la camisa a mi esposa. Ella trataba de explicarle que ya no tenía más leche, pero él seguía insistiendo. Entonces mi esposa le ofreció un vaso de jugo con un sorbete. Mi hijo inmediatamente rechazó el jugo, pero agarró el sorbete y lo colocó en el pecho de su madre tratando de tomar leche. Cuando se dio cuenta que no salía ni siquiera una gotita de leche tiró el sorbete al piso y siguió luchando con ella.

Después que mi esposa dio a luz a nuestro primer bebé yo estaba feliz como nunca antes. Recuerdo cuando un amigo soltero me visitaba, yo siempre le preguntaba: "¿Cuándo vas a meter tu primer gol?". Después que nació mi segundo y luego mi tercer hijo él notaba que ya no le hacía la misma pregunta con tanta frecuencia. Algunas veces cuando él me ha visitado se da cuenta que estoy cansado, sin ánimo de hacer nada y la casa está vuelta un desastre. Entonces él me reclama y me pregunta: "¿Qué pasó con la frasecita del golazo, porque ya no la mencionas?" y se ríe a carcajadas.

Hoy día mis hijos son los que dicen "gol" y alzan sus brazos en señal de victoria cuando jugando se lanzan y caen sobre mi pecho. No puedo negar que a veces me dejan sin energía y quisiera que fueran como los juguetes que se les sacan las baterías, pero cuando los miró a los ojos por más cansado que estoy le doy gracias a Dios por ellos. Mis hijos son mi razón de vivir y con alegría trabajo incansablemente para traerles el sustento de cada día.

Valorando las cosas materiales más que a la vida humana

---

*I*ndudablemente el sueño americano es hermoso y anhelado por muchas personas. Años atrás cuando aquel sueño para mi dejó de existir aprendí una de las lecciones más grandes de mi vida. Viajé en tren hacía un campamento organizado por la iglesia que asistía. De regreso un señor dueño de una limosina ofreció llevarme a mi casa. Nunca antes había viajado en un carro lujoso. Mientras viajaba muy emocionado, pensaba que le contaría a mis familiares que había salido en tren y regresado en limosina.

Ni siquiera íbamos por la mitad del camino cuando un policía nos detuvo. Todos estábamos preocupados y él chofer nos aseguró que todo estaba bien, pero la limosina no tenía seguro. Inmediatamente el policía nos mostró el camino hacía la estación del tren. Esta vez mi sueño de pasear en limosina duró poco, pero por lo menos no tuve que caminar tanto con el equipaje a mano porque la estación del tren estaba muy cerca.

En varias ocasiones me encontré con tres amigos que tenía bastante tiempo sin verlos. Los tres son considerados hombres de éxito. Entre ellos se encuentra un profesor de escuela pública, un ministro y el otro es el dueño de un negocio. Después de tanto tiempo sin mirarlos deseaba en lo más profundo de mi corazón que me visitaran y conocieran a mi familia. Sin embargo, al conversar brevemente con ellos me di cuenta que valoraban las cosas materiales más que a la vida humana.

Cuando encontré al profesor le conté muy emocionado que recién había nacido mi primera hija y lo invité a mi casa. En aquel momento él estaba más interesado en saber el tipo de carro que yo tenía y cuando lo miró, me dijo: "Estás progresando". Un año después nuevamente encontré al profesor en el supermercado, lo invite a mi casa y usó la misma frase "estás progresando" al mirar mi carro.

Después miré al empresario en el estacionamiento de la oficina del correo. Al saludarnos en lugar de preguntar por mi familia me preguntó como estaba el carro. Me dije a mi mismo: "¿Será que los carros ahora tienen sentimientos y saben cuando los están saludando?".

Tenía muchos años sin ver al ministro. Cuando lo encontré él estaba conversando con otra persona y me pidió que esperara un momento. Durante los diez minutos que estuve esperando escuché aquel amigo describir con lujo y detalle la casa donde vivía. Contaba que a pesar que él y su esposa tenían buenos ingresos, sin la ayuda económica de la iglesia le hubiera sido casi imposible vivir en aquel distinguido vecindario. Después que él terminó su conversación con la otra persona se acercó, puso su brazo detrás de mi espalda y me dijo que tenía que irse dejándome con la palabra en la boca.

Según aquel amigo todas las cosas materiales habían sido adquiridas por su esfuerzo y con la ayuda de su iglesia. Sin embargo, es él que está arriba quien nos da las bendiciones. Sino hubiera sido por Dios nada tendríamos porque sin Dios nada somos. En los diferentes encuentros con mis "amigos" resonaron fuertemente las palabras de mi padre cuando en mi juventud me decía: "Un amigo es un peso en el bolsillo cuando el bolsillo no está roto".

Hace varios años guiaba un bus escolar. En varias ocasiones escuchaba como algunos estudiantes se burlaban de los menos afortunados. Algunos hacían comparaciones de las casas, los carros y las profesiones de sus padres. Yo estaba acostumbrado a escuchar este tipo de conversaciones entre los de más edad, pero me sorprendí al mirar que eran los pequeñitos que hablaban de tal manera. Vivimos en una sociedad donde lo material se valora por encima de todo. Te juzgan por lo que tienes y sino tienes nada así mismo te tratan.

Doy gracias a Dios porque a través del dolor, el sufrimiento y sus bendiciones he aprendido a reconocer las cosas importantes en la vida. Desde el más grande hasta el más pequeño, el empresario como el que limpia zapatos y el refinado merecen el mismo respeto. Eran casi las cinco de la tarde cuando iba al supermercado. Al saludar a la cajera y darle las gracias por atenderme, me dijo: "Tú eres la primera persona que en todo el día, me de las gracias". Siempre recuerdo aquellas palabras y trato siempre de ser amable con todos, no importa cual sea su trabajo o color de piel.

Estoy seguro que cuando mis hijos estén grandes no recordarán el carro en que anduvieron paseando ni los juguetes y la ropa nueva. Todas esas cosas materiales quedarán en el olvido porque son pasajeras. Yo deseo que mis hijos por siempre recuerden el amor incondicional que mi esposa y yo les brindamos día a día. Soy el hombre más feliz cuando llego a casa. Mi familia me recibe con un beso y un abrazo. Me sorprendo porque aunque los niños son pequeños me dicen a cada momento: "I love you daddy". Lo material jamás podrá reemplazar el amor, el sentimiento y los momentos felices que llevo muy dentro de mi corazón.

La mansión equivocada

Nunca imaginé que algún día llegaría a vivir en una mansión. Durante los primeros días de haberme mudado al estado de Massachussets dormía en mi camión y luego en el dormitorio de una universidad. Semanas más tarde un amigo me presentó a una señora de la "alta sociedad". En aquel momento ella necesitaba alguien que la ayudara con el mantenimiento de su mansión a cambio de techo y comida. La idea estaba buena y me sentí muy afortunado por la oferta de trabajo, pero la suerte me duró muy poco.

Recuerdo que a las pocas semanas de estar residiendo en una casa tan lujosa fui a visitar a mi familia a Nueva York. Cuando me preguntaron como era mi vida fuera de la ciudad me jacté diciéndoles que vivía en una mansión y hasta una fotografía les mostré. Nunca les conté que el primer día cuando conocí a la dueña de la mansión, ella me pidió que estacionara mi camión en la parte de atrás donde sus clientes no pudieran verlo. El camión era tan feo que quizás ella pensó que perdería su clientela.

La dueña había transformado su mansión en un lugar donde se prestaba para celebrar bodas u otra clase de eventos. Muchos turistas también se hospedaban en la mansión. Mi amigo me recomendó que al dirigirme a ella siempre tenía que decirle con mucho respeto Señora Silvia. Cuando un día se me olvidó la recomendación de mi amigo y la llamé por su primer nombre, ella muy enojada me preguntó: "¿Desde cuándo tú me llamas Silvia?, ¿quién tú te crees que eres?" y me echó de su mansión. Entonces le dije: "Silvia, tú no me has echado yo soy él que me voy." En aquel momento yo tenía casi todas mis pertenencias en el camión y cuando sacaba las últimas cosas que me quedaban le repetí "Silvia" por lo menos diez veces. Luego le dije: "¡Silvia, tú tienes que nacer de nuevo!".

Al día siguiente temprano en la mañana decidí ir a una iglesia que tenía alrededor de mil miembros. Jamás imaginé que desde el balcón donde me encontraba sentado, alcanzaría a ver a la Señora Silvia en la parte abajo. La miré justamente cuando el pastor pronunciaba el título del sermón que irónicamente era: "Tú tienes que nacer de nuevo".

Durante mi juventud había escuchado cientos de sermones, pero este se convertiría en uno que jamás olvidaré. Yo sabía que este sermón le había caído como anillo al dedo a la dueña de la mansión. Sonreí al verla con un sombrero que la hacía destacarse entre las demás mujeres. Por un momento pensé que ese sermón también estaba dirigido a otros miembros de la iglesia, pero me di cuenta que yo no era la excepción.

Años después tropecé con la misma piedra. Un día llamé a otra señora por su primer nombre. Ella al igual que la primera señora me dijo muy enojada que quien yo me creía para llamarla por su primer nombre. En aquel momento me sentí otra vez abochornado. Años más tarde derramando lágrimas ella me llamó por teléfono para que le diera alojamiento en mi casa. Hoy día cuando la visitó me aseguró de decirle "doña" no por el regaño sino porque se ganó mi respeto y confianza. Ella cuidó a nuestra hija el día que mi esposa estaba en el hospital dando a luz a nuestro segundo hijo. En aquel entonces mi hija se comunicaba con el lenguaje de señas y la señora me pidió que le enseñara lo básico para comunicarse mejor con nuestra hija. Desde entonces esa señora ocupa un lugar especial en mi corazón.

Mordido por un cocodrilo

*H*ace algunos años conocí a un hombre que tenía bastante fama. Él era conocido internacionalmente, pero no precisamente por ser un artista sino porque se había casado y divorciado seis veces. Con todas sus esposas tuvo hijos. Cada una de sus victimas era de un país diferente incluyendo: Puerto Rico, Panamá, Bolivia, República Dominicana, Estados Unidos y posiblemente de México. Él contaba que había estudiado en las mejores universidades del mundo. Muy a menudo mencionaba la universidad que se encuentra en Montémorelos, México donde él residió por algunos años.

Él tenía un buen trabajo y un buen ingreso, pero al final de la semana cuando recibía su cheque se lamentaba diciendo que trabajaba en vano y mejor se iría de los Estados Unidos porque el gobierno semanalmente lo dejaba con los bolsillos casi vacíos. Además de las seis mujeres hubieron otras victimas de sus engaños y estafas. Entre una de ellas está un amigo que le dio el sobrenombre "El cocodrilo". Mi amigo decía que el cocodrilo siempre mordía a todos los que se le cruzaban por su camino.

El cocodrilo era muy ágil. Además de ser profesor de escuela primaria en sus horas libres se desempeñaba como mecánico, carpintero, jardinero, consejero matrimonial y conocedor de los nuevos avances tecnológicos. Cuando yo llegaba a su vecindario diariamente miraba la misma escena. El cocodrilo estaba en la calle con su caja de herramientas, al frente de su casa se encontraban muchos carros estacionados y sus dueños hablando con el cocodrilo. Yo pensé que le estaba yendo bien en el negocio de la mecánica, pero me daba cuenta que en su mayoría eran clientes insatisfechos.

En varias ocasiones mi amigo me advirtió que no me acercara a este personaje, pero yo no lo escuchaba. El cocodrilo siempre me engañaba y cuando le contaba a mi amigo él me preguntaba porque yo seguía cayendo en la boca del lobo. Él me decía que estaba haciendo una cadena de oración con los miembros de su iglesia para que yo pudiera romper las cadenas y nunca jamás volver a caer en las garras del cocodrilo.

Cierto día el cocodrilo me invitó a la Florida. El propósito de su viaje era reconquistar a una de sus ex esposas. Yo le pregunté cual de ellas y él me respondió que era la madre de las gemelas. Yo pensé que era una broma, pero era cierto. Ella había dado a luz dos niñas muy hermosas. Él estaba feliz al saber que ella lo recibiría con los brazos abiertos. Yo le dije que estaba dispuesto ayudarlo a guiar, pero no con los gastos del viaje porque apenas tenía sesenta dólares. Cuando íbamos por mitad de camino y estando en una gasolinera en Carolina del Norte, él me dijo: "Ahora mismo vas a llenar el tanque o te vas a desmontar del carro". Tuve que hacerlo porque no tenía suficiente dinero para regresarme.

Después de un largo viaje llegamos en la madrugada. A las pocas horas yo me levanté y salí al patio de la casa. Yo estaba vestido con pantalones cortos, una camiseta blanca y sandalias. Mientras yo bostezaba y estiraba mis brazos apareció un señor en la entrada del parqueo. Él sabía que el cocodrilo estaría en la casa visitando a su hija, pero no sabía que iba acompañado. Yo lo saludé y él me miraba sin decir media palabra. Parecía que los ojos se le iban a salir y pensé que le daría un ataque del corazón.

Yo sabía lo que él estaba pensando y lo seguía observando, pero sin mencionarle que andaba con el cocodrilo. Después de un buen rato, me acerqué cuando él bajó la ventanilla del carro y con una sonrisa en mi rostro lo saludé. Luego le dije que yo era el amigo del cocodrilo y que él se encontraba adentro. En ese momento aquel hombre suspiró y le volvió el razonamiento. Aquella tarde salimos de compra y el cocodrilo me dijo que si su suegro hubiera tenido una pistola posiblemente me hubiera disparado.

Meses más tarde él regresó a la Florida a tratar nuevamente de reconciliarse con la madre de sus hijas, pero no le salió nada. Días antes de su partida él aseguraba que jamás volvería a Massachussets, pero a los pocos días lo miré llegar a casa con su maletín en la mano. Él fue a parar donde siempre caía cuando las mujeres lo echaban a patadas. Su madre siempre lo recibía con los brazos abiertos, al parecer ella fue la única mujer que pudo soportarlo.

Aquel día aunque se miraba derrotado me sorprendió cuando me dijo que por lo menos había tenido la oportunidad de participar en el show de Cristina. Él contaba que Cristina le había dicho que nadie jamás la había hecho reír tanto hasta hacerla llorar. Yo pensé que él estaba mintiendo, pero fue cierto. Él me mostró el video y el show era acerca de taxistas. Sin lugar a dudas él hizo reír a Cristina, pero ella no sabía que la mayoría de los cuentos dichos por él eran falsos ya que él era un experto en la materia.

Uno de sus cuentos era acerca de una mujer que era tan gorda que no podía salir del taxi. El cuerpo de la mujer quedó atrapado en una de las puertas y entonces él tuvo que sacarla empujándola con los pies. Si Cristina algún día intentara conocer la verdadera historia del cocodrilo y recorrer todas las huellas dejadas por él tendría que ampliar su estudio de grabación y dedicarse a su programa los siete días de la semana. Es cierto que muchas de sus victimas huían cuando miraban llegar al cocodrilo, pero otros se quedaban porque eran atraídos por su manera de hacer reír a la gente.

En un día muy caluroso el cocodrilo deseaba ir al lago. Él era dueño de una lancha, pero no tenía un vehículo pesado para llevarla al lago. Las horas pasaban y él no encontraba quien lo ayudara, pero llegó un amigo que acababa de comprar una van. Este amigo también había sido una de sus victimas en el pasado. Él sabía el peligro que correría, pero el cocodrilo logró convencerlo y decidieron ir al lago. Mientras el cocodrilo se encontraba remolcando la lancha y el amigo estaba adentro del carro poniéndose el traje de baño, la van comenzó a hundirse. Quedó completamente sumergida bajo el agua. El amigo salió casi desnudo del susto y como era de esperar el cocodrilo se burlaba de él como nunca antes.

Yo estaba ajeno a todo lo sucedido en el lago. Me enteré porque al siguiente día encontré al cocodrilo en la misma esquina de siempre intentando reparar el vehículo. Cuando me acerqué sentí que la van olía a pescado muerto, la alfombra estaba húmeda y habían papeles mojados por dondequiera. El cocodrilo con una sonrisa en su rostro mostrando sus dientes que sobresalían de su boca, le dijo lo que acostumbraba a decirle a todos sus clientes: "Este carro va quedar nítido cuando yo termine de arreglarlo", pero aquel vehículo nunca jamás volvió a caminar.

Por más que su dueño intentaba limpiar su van aquel mal olor se negaba a salir. Cuando él compró la van pensaba llevar pasajeros a la ciudad de Nueva York los fines de semana, pero aquel sueño anhelado nunca se hizo realidad. Después que la van de mi amigo se hundió él fue quien tuvo la idea de nombrarlo "El cocodrilo" y nunca jamás le volvió a dirigir la palabra. Hasta el sol de hoy tampoco lo ha perdonado. Espero que algún día él comprenda que solamente recibiendo el perdón de Cristo y perdonando a otros iremos al reino de los cielos.

Días después tuve la valentía de ir al lago con el cocodrilo y sus dos hijos pequeños. También nos acompañaba otro amigo quien había comprado un Mercedes Benz, pero ese carro nunca jamás volvió a funcionar después de haber pasado por las manos del cocodrilo. Mientras estábamos en la lancha el cocodrilo empezó a echarle gasolina al carburador porque no estaba funcionando bien. De inmediato hubo una explosión y la lancha agarró fuego. Todos nos lanzamos al agua excepto el cocodrilo. De repente pensamos que el se encontraba entre la vida y la muerte, él sabia que corría el riesgo de ser extinguido por el fuego, pero por nada se negaba lanzarse al agua. No se como él pudo apagar las llamas y logró salvar su lancha.

Hoy día el cocodrilo se encuentra en algún rincón de la República Dominicana. A veces me pregunto si habrá más victimas en aquella isla o si se habrá casado otras seis veces más. En aquel tiempo tenía seis hijos, ¿será que hoy día existe una docena?, nunca lo sabré. A veces mi esposa me preguntaba porque razón yo mencionaba tanto al cocodrilo. Cierto día ella me dijo que nunca jamás lo volviera a mencionar, estaba cansada de escucharme hablar de el. Irónicamente, al leer su historia se rió a carcajadas y me confesó que era uno de sus capítulos favoritos.

Nunca lo he podido olvidar, pero no solamente por sus engaños. Recuerdo cuando yo era soltero que jugaba con dos de sus hijos pequeños. Él cocodrilo me dijo una gran verdad que jamás podré olvidar. Él me dijo: "Algún día cuando tengas tus hijos vas a entender lo que es el amor de un niño".

Nunca olvidaré a los dos hijos que procreó con la boliviana. Cierto día el cocodrilo me puso por nombre "El oso". Desde entonces todos los días les decía a sus dos hijos pequeños que yo era realmente un oso. Ellos no me creían, pero se los repetí tantas veces que finalmente los convencí. En una ocasión nos encontrábamos en el comedor de un colegio. Estábamos acompañados de muchos estudiantes y su hijo estaba sentado a mi lado. Aquel niño apenas estaba aprendiendo a platicar cuando me preguntó: "¿Oso, quién te enseñó a comer como la gente?, ¿oso, quién te enseñó a hablar como la gente?, ¿oso, por qué no estás lleno de pelos?, ¿oso, por qué tienes ropa puesta?"…

Si yo revelara el nombre del cocodrilo estoy seguro que él trataría de demandarme. A veces pienso que valdría la pena mencionarlo porque de ser capturado posiblemente mi recompensa sería mayor. Si él intentara regresar algún día a los Estados Unidos tendría que venirse ilegalmente porque de ser capturado le pedirían la cabeza. Fueron tantos los hijos que abandonó que estoy seguro que tío Sam junto con las seis mujeres y todos los que fueron estafados, engañados y mordidos jamás lo perdonarían.

El cocodrilo recorrió y causó tanto daño que posiblemente me tardaría mucho tiempo para narrar su historia completa. Jamás imaginé que hoy día estaría narrando una pequeña parte. Una vez casi me convierto en productor y director de un documental que estaba planeando filmar titulado: "Las aventuras del cocodrilo". Espero que algún día donde quiera que él se encuentre éste libro pueda llegar a sus manos. Él se dará cuenta que además de haberme mordido también dejó huellas en mi vida que jamás podré borrar.

Prisioneros en la ciudad en que vivimos

$\mathcal{D}$urante toda mi vida he escuchado la frase: "El sueño americano", pero a pesar que yo trabajaba duro para mi esa frase no tenía significado. Muchas veces tuve que pedir dinero prestado para ir al trabajo. Mi desayuno, almuerzo y cena era pan con queso y agua. Ni siquiera me atrevía a soñar con tener una bicicleta y mucho menos un carro. La vida para mi no tenía sentido. En medio de mi frustración y desesperación me daba cuenta que yo era simplemente un prisionero en mi propio vecindario.

Todos los días miraba la misma fotografía. Cuando llegaba del trabajo en la esquina se encontraban dos o tres con una cerveza en una mano y un cigarrillo en la otra. Sus conversaciones diarias eran acerca de carros, mujeres y los números de la lotería. Muy temprano por la mañana cuando apenas estaba aclarando miraba las cajetillas vacías del Camello y Marlboro. Tropezaba con latas y botellas de cervezas esparcidas por donde quiera. Caminaba sobre botellas vacías que habían sido usadas la noche anterior para consumir el crack.

Muchas veces me confundieron y me preguntaban si tenía drogas para venderles. Día tras día y años después aquella fotografía parecía no envejecer. Con la excepción que aquellos hombres a su temprana edad se miraban acabados. A veces pienso que por esa razón nunca me atreví a experimentar con las drogas. Sabía que si caía en el mundo de las drogas al mirar aquellos hombres era como si me hubiera estado viendo en un espejo. Cuando me acostaba muy tarde en la noche en muchas ocasiones deseaba que el sol no saliera. Para muchos el sol resplandeciente era un nuevo amanecer. Para mi era simplemente otro día oscuro lleno de temores y obstáculos.

Pasaron los años y un día me di cuenta de otra triste realidad. Estaba atrasado con la renta por tres meses. Pronto me convertiría en un desamparado. Sería como las personas que miraba durante mi niñez en la calle. Siempre me preguntaba como habían llegado a esa situación. Nunca pensé que de la noche a la mañana yo también podría encontrarme viviendo bajo un puente.

Por primera vez en mi vida busqué ayuda. Me sentía avergonzado y derrotado, pero el hambre y el deseo de sobrevivir era más fuerte.

Cuando acudí a la oficina del gobierno miré mucha gente en necesidad. Mientras esperaba mi turno me preguntaba si ellos también estaban en la misma situación. Estoy seguro que muchos estaban desesperados y necesitados al igual que yo. Por esta razón no juzgo a nadie que se atreve a buscar ayuda del gobierno. Nunca estaré en contra que se ayude a los necesitados. Sin embargo, si nosotros no hacemos el esfuerzo por superarnos el gobierno fácilmente nos convierte en prisioneros del sistema en que vivimos.

El otro día un familiar muy querido me visitó desde la ciudad de Nueva York. Le agradó tanto el lugar donde vivo que contempló la idea de mudarse. Él estaba ilusionado y me pidió que lo ayudara a buscar un trabajo. Tenía planes de mudarse con su esposa e hijos y comprar una casa, pero el entusiasmo le duró poco. Por muchos años él había esperado que le entregaran un apartamento de las viviendas públicas de la gran ciudad de Nueva York. Cuando por fin lo llamaron él prefirió aceptar ese apartamento y se dejó arrebatar el sueño americano.

La búsqueda de una casa

El sueño americano puede tener diferentes significados para muchas personas. Indudablemente, la compra de una casa representa una gran parte del sueño americano no solamente para el anglo americano sino para todas las culturas que viven en los Estados Unidos. Para muchos la compra de una casa puede convertirse en una pesadilla sino se toman en cuenta ciertas recomendaciones. La compra de una casa no debe considerarse como algo inalcanzable. ¡Usted también lo puede lograr!.

Antes de comenzar su búsqueda es importante saber como está su crédito. Si este es favorable se podrá ahorrar bastante dinero y podrá conseguir un préstamo de bajo interés. Es muy probable que mientras más bajo sea su crédito más alto será el interés del préstamo. Si usted no tiene prisa con la compra de su casa, ahora es un buen momento para tomar control de sus deudas y tratar de eliminarlas si es posible. Si le es imposible pagar sus deudas no ignore su situación.

No siempre se necesita buscar una agencia que lo ayude a negociar con sus acreedores. Usted mismo puede comunicarse con ellos y establecer un plan de pago. No permita que otros resuelvan lo que usted mismo puede resolver muchas veces hasta sin costo alguno. Además, esto le demostrará al banco que usted está en control de sus finanzas. Si usted logra saldar sus deudas aunque el balance sea cero, ahora no es un buen momento para cerrar sus cuentas. Manténgalas abiertas de lo contrario podría afectar su crédito.

Si usted tiene deudas y está pagando la cuota mínima podría pasar el resto de su vida pagando interés sobre interés. Siempre será fácil comprar con crédito: "compro hoy y pago mañana", pero muchas veces quedamos embarcados. Si usted no tiene una emergencia trate de no usar la tarjeta de crédito. Si tiene que usarla tenga presente que el objetivo de los prestamistas es literalmente de consumirnos y convertirnos en prisioneros por el resto de nuestras vidas. Si algún día usted sale de la prisión trate de no caer de nuevo. De lo contrario podría convertirse en un círculo vicioso que lo dominará como una adicción.

Aún recuerdo cuando fui al banco por primera vez en busca del sueño americano me negaron el préstamo. Luego visité una agencia hipotecaria donde la encargada me dijo: "Tu crédito está demasiado bajo, empieza a subir tus puntos y regresa el próximo año...". Si le han dicho esto no se dé por vencido ni se quede con los brazos cruzados desperdiciando tiempo. Siga buscando y es muy probable que encuentre a alguien que le dé un préstamo.

Seguí mi búsqueda hasta que encontré un prestamista que me dio un pre aprobación de crédito. Sin embargo, tenía dudas porque me pidió una lista de veinte requisitos y cada vez le añadía más. Desde un principio fui honesto. No me preocupé por aquella lista, pero días antes del cierre sin ninguna razón justificada me negó el préstamo. Aquel día salí de esa oficina muy triste y enojado. Triste porque en ese momento mi sueño anhelado por tantos años murió ahí. Enojado porque sabía con certeza que no había una razón justa para que me negaran el préstamo. Después me sentí peor cuando mi abogada me dijo que sino conseguía un préstamo dentro de un par de días perdería mi depósito y todo el esfuerzo que había hecho para alcanzar mi meta.

Un día después me comuniqué con otra agencia hipotecaria. El encargado se quedó asombrado cuando revisó los papeles y me dijo: "No puedo creer que esta gente te haya hecho esto. Tu préstamo ya había sido aprobado y solamente tuvimos que darle otra numeración a tu caso". Semanas más tarde hicimos el cierre. Cuando estaba dentro de la casa no podía creerlo y me sentía como un niño con un juguete nuevo.

Mi esposa no estaba muy emocionada. La casa estaba descuidada, sucia y necesitaba algunas reparaciones. Ella me dijo: "No puedo creer que tú me has metido en esta casa". Por más que trataba de explicarle que yo la repararía a pesar de que no sabía de que manera ni por donde empezar, mi esposa no estaba muy convencida. Nunca le he dicho a ella que aquella noche yo recordé las palabras del hombre que inspeccionó la casa. Él me dijo: "Este barrio está infestado de vendedores de drogas y prostitutas. Admiro tu gran valentía de seguir adelante con esta casa, buena suerte". Indudablemente no era la casa de mis sueños, pero estaba feliz porque por lo menos podía decir "mi casa".

Meses después mi sueño se convertiría en una pesadilla. Rentábamos dos apartamentos y los inquilinos frecuentemente nos daban una sorpresa. La entrada de la renta ayudaba bastante con la mensualidad de la hipoteca, pero muchas veces me preguntaba si valía la pena seguir rentando. El dolor de cabeza era más grande que el dinero que ganábamos rentando los apartamentos.

Los vecinos no se quedaban atrás, escuchaban la música a todo volumen. Casi nunca dejaban descansar a mi esposa quien recién había dado a luz a nuestra primera hija.

Para rematar los vecinos del otro lado se la pasaban peleando. La vecina casi todos los fines de semana echaba de la casa a su marido con todo y maleta. En sus peleas siempre se maldecían, pero a los pocos días él regresaba y la historia se repetía. Mi familia y algunas amistades se burlaron de nuestra primera casa, pero nunca se imaginaron que tres años más tarde la venta de esa propiedad me daría la oportunidad de comprar otra casa en mejor condición y saldar todas mis deudas por la primera vez en toda mi vida.

Cuando fui al banco a depositar el cheque me trataron como nunca antes. El gerente puso su brazo detrás de mi espalda y les dijo a los empleados: "Trátenlo bien...". Recuerdo cuando le entregué el cheque a la cajera. Su rostro enrojeció y me preguntó: "¿Cómo tú puedes entrar aquí con tanto dinero?". La miré a los ojos, sonreí y le dije: "¡El sueño americano, el sueño americano aún está vivo!". Años atrás para mí aquel sueño había dejado de existir, pero ese día volvió a renacer. Por esta razón le digo a cualquier persona sin importar su situación: "¡El sueño americano, atrévase a soñar y a realizar sus sueños"!.

¿Te acuerdas de mí?

Durante los tres años que vivimos en mi primera casa fueron pocas las veces que recordé al señor que días antes del cierre me negó el préstamo. Después de la venta de la propiedad pensé que sería una buena idea visitarlo, ya que en aquel entonces salí de su oficina sin haberle dicho nada. Me puse nervioso cuando iba de camino. Nunca imaginé que nos volveríamos a encontrar cara a cara y lo que tendría para decirle lo dejaría completamente derrotado y abochornado.

Cuando llegué a su oficina no sabía que decir y menos por donde comenzar. Al saludarlo él pensó seguramente que se trataba de algún nuevo cliente y me dijo; "¿En qué puedo servirle?". Yo le pregunté: "¿Te acuerdas de mí?". "Sí, tú eres el que iba a comprar la casa en tal lugar…".

Antes que pudiera decir otra palabra lo interrumpí. Entonces tuve el valor de decirle: "Yo compré aquella casa, la acabo de vender y me gané cien mil dólares. Pagué todas mis deudas, compré una camioneta nueva y todavía me sobró dinero para comprar una casa. De hecho en este momento estoy en el proceso de la compra de mi segunda casa. Ahora mismo hubiera estado aquí negociando contigo, pero años atrás me dejaste colgando. Espero que esto te sirva de lección para que no le hagas a otros lo que me hiciste a mí".

En aquel momento se encontraba en esa oficina al parecer un cliente de origen hispano escuchando toda la conversación y me dije: "¡Ojalá, haya comprendido todo lo que he dicho!". De inmediato la cara de este hombre estaba roja como un tomate maduro, se miraba asustado y sobre todo avergonzado.

Entonces cuando le cedí la palabra, me dijo: "Yo no puedo creer que tú hayas venido de tan lejos a decirme esto. Yo no puedo creer que tú hayas cargado con ese rencor por tanto tiempo. Ya tuviste tu palabra ahora yo tendré la mía…". Antes que él pudiera decir más yo levanté mis brazos en señal de victoria. Me imaginé con el bate en la mano dando un gran slam en el noveno inning del séptimo juego de la serie mundial así dándole el triunfo a los Yankees de Nueva York. Para terminar con broche de oro, exclamé en voz alta: "¡Yea!". En ese mismo instante salí sin saber cuales serían sus últimas palabras. Estoy seguro que tanto él como yo recordaremos aquel día por mucho tiempo.

La ignorancia y la poca organización lo pueden llevar a la ruina

---

$\mathcal{D}$espués de haber comprado mi primera casa pensé que todo saldría bien la segunda vez. Contaba con la asistencia de una abogada y su esposo quien sería el inspector, un agente de bienes raíces y la agente hipotecaria del banco, pero aun así el vendedor de una casa se quedó con miles de dólares de nuestro depósito. Un empleado del banco me recomendó contratar al mismo abogado quien también trabajaba con el banco que me aprobó el préstamo, pero ya era muy tarde cuando me di cuenta de ese grave error. La abogada que me estaba representando en realidad cuidaba más los intereses de la institución.

Muy tarde me di cuenta que dar un depósito de diez mil dólares o cualquier cantidad considerable antes que el banco valorice la propiedad en venta tiene muchos riesgos y no es recomendable. En la compra de una casa si es posible trate de dar lo menos de depósito. Si sucede algo es mejor perder poquito y no lo que le podría servir para comprar otra casa. Muchos agentes de bienes raíces representando al vendedor insisten que usted dé un jugoso depósito. Aproximadamente de un cinco por ciento o hasta más dependiendo del precio de venta de la propiedad.

Si usted puede dé solamente mil dólares. Si sucede algo y usted decide no seguir negociando con ellos, será más fácil que le devuelvan su depósito. En el mercado de bienes raíces algunos vendedores tratan de quedarse con el dinero del comprador, si éste decide retirarse de la compra de la casa. En estos casos aunque el comprador tenga la razón, a veces tiene que buscar la ayuda de un abogado para recuperar su dinero incurriendo en pérdida de tiempo y dinero.

Cuando mandé a inspeccionar una casa que planeaba comprar, el inspector encontró un alto nivel de radón. La casa no presentaba condiciones satisfactorias y decidí retirarme de ese negocio. Según el contrato de compra y venta mi decisión era correcta, pero fue ahí donde me di cuenta que el contrato favorece más al vendedor y el comprador se encuentra expuesto a cualquier tipo de engaño. Por esta razón un documento legal nunca debe ser firmado sin antes consultar con un abogado.

A pesar de tantos inconvenientes decidimos seguir con la compra de esa casa. Nos aseguraron que después de todo el nivel del radón se podía disminuir con un ventilador. Antes del cierre el vendedor se encargaría de instalar ése ventilador, pero se retractó porque no había un acuerdo por escrito. Cuando ya estábamos muy ilusionados con la casa nos dijeron que la estufa y la refrigeradora no estaban incluidas en el contrato, pero el vendedor estaba dispuesto a negociarlos. Nos dimos cuenta que los electrodomésticos tenían un precio que ni en la tienda costaban tanto.

Ese hombre nunca estuvo dispuesto bajo ninguna circunstancia a negociar nada que favoreciera a ambas partes. Demasiado tarde nos dimos cuenta que estábamos tratando con un patán de primera. Para el colmo, las flores y los arbustos que estaban al frente de la casa serían arrancados de raíz a no ser que también se los compráramos. Pocas semanas antes del cierre el banco evaluó la propiedad. El precio de esa casa estaba demasiado alto.

Finalmente reaccionamos y decidimos no comprar esa casa. Yo pensé que no íbamos a tener ningún problema en recuperar nuestro depósito. Estaba confiado que el banco al darse cuenta que la propiedad no tenía un precio justo, me negaría el préstamo. De esa manera podría recuperar los diez mil dólares de depósito, pero las cosas no fueron así.

Mi abogada me dijo: "Eddie, yo fallé. Olvidé escribir en el contrato que la compra estaba sujeta a una evaluación satisfactoria de la propiedad y el título". Yo le recordé que en el contrato también estaba escrito que si yo no lograba conseguir el préstamo hasta tal fecha, nadie podía quedarse con mi dinero. Por otra parte, la representante del banco me aseguró que me enviaría una carta negándome el préstamo basado en la evaluación de la casa y no perdería mi dinero. Pasaron los días y aquella carta nunca llegó.

Fue en aquel entonces que me di cuenta que no había sido un simple error de parte de la abogada. Indudablemente ella se olvidó de mí, estaba protegiendo más la reputación del banco que mis intereses. Por otra parte, la agente de bienes raíces que estaba trabajando "conmigo" tampoco estaba velando por mis intereses. Desde el primer momento que ella sabía que estábamos interesados en comprar esa propiedad, su deber era hacer una comparación de otras casas que se habían vendido recientemente en ese vecindario; cosa que nunca hizo.

Recuerdo que hasta después de la inspección ella mencionó que el precio de la casa estaba muy alto, pero ya era muy tarde. La ironía de todo esto es que en la compra de mi primera casa estaba enojado porque me negaron el préstamo. En la segunda ocasión deseaba que me lo negaran para no perder el depósito.

Predadores buscando a quien devorar

$\mathcal{M}$uchas personas me han preguntado cual es la diferencia entre un prestamista tradicional y un agente hipotecario del banco. Perdí mucho dinero cuando busqué el préstamo por medio de un banco. Sin embargo, a través de un prestamista tradicional conseguí un interés más bajo. Tanto el uno como el otro pueden ayudarle. Los dos son muy similares en muchos aspectos. Ellos ofrecen préstamos hipotecarios de interés fijo, interés variable y la combinación de ambos. Tenga presente que los prestamistas tradicionales muchas veces ofrecen intereses más altos y a la vez un programa en el cual usted puede reducir ese interés, pero hay más gastos a la hora del cierre.

Siempre aconsejo a mis amistades que traten de conseguir el préstamo de interés fijo. Por la sencilla razón que nunca habrá sorpresas con este tipo de préstamo. En cambio, el préstamo de interés variable aunque el interés es bajo será solamente durante los primeros años de la hipoteca. Si usted tiene un buen historial de crédito y está buscando un préstamo de interés fijo, pero le ofrecen las otras opciones es mejor que busque otro lugar. Siempre hay excepciones y algunas compañías están dispuestas a trabajar con personas que tienen el crédito dañado. Aunque ofrecen un préstamo de interés alto esta es una buena oportunidad para comenzar. Siempre que usted pague su hipoteca a tiempo y haya tomado control de sus deudas podrá refinanciar su casa en menos de un año para obtener un   mejor interés.

En cierta ocasión decidí entrar al negocio de bienes raíces. Trabajé con clientes que tenían las dos cosas principales: un buen crédito establecido por mucho tiempo y un buen ingreso. Muchos clientes me comentaban que cuando ellos solicitaban préstamos de interés fijo, algunas compañías insistían en las otras opciones porque así ellos podrían hacer un refinanciamiento y cobrar más dinero. Existen prestamistas que son predadores buscando a quien devorar. No les importa si usted es un padre de familia que quizás se gana la vida teniendo dos empleos. Existen muchos comerciantes inescrupulosos que miran solamente su bolsillo y se olvidan del ser humano que de hecho está luchando por sobrevivir.

Conocí a un señor que parecía ser muy amable. Los clientes quedaban impresionados al mirarlo muy bien vestido de saco, corbata y zapatos brillantes. Sentado en una silla de cuero siempre les repetía lo mismo a sus clientes: "Yo estoy en el negocio de ayudar a personas a lograr el sueño americano. No me gusta hacer promesas, pero me gusta pensar que soy muy bueno en este negocio". Al escuchar estas palabras todos se quedaban con la boca abierta. Muchos pensaban que quizás este hombre iba a resolver sus problemas. Lo curioso era que él nunca les mencionaba el préstamo de treinta años con un interés fijo.

A los pocos días llegó una señora a su oficina. Él otra vez repitió la misma frase. Esta cliente ingenuamente también estaba convencida que obtendría un préstamo por medio de ese farsante. A la final ni el uno ni el otro consiguieron ningún préstamo. Perdieron su tiempo escuchando las palabras y promesas vacías de este individuo.

Agentes de bienes raíces "guiados" por un código de ética profesional

El otro día escuché por la radio que los agentes de bienes raíces se guían por un código de ética profesional. Ellos están para ayudarnos a tomar decisiones prudentes y trabajan fuertemente para el cliente. Estoy seguro que muchos son honestos, hacen su trabajo como debe ser y están velando por los intereses del cliente. Sin embargo, mi encuentro con la mayoría me ha demostrado lo contrario. En algunos casos la realidad es otra. Ellos piensan solamente en su propio bienestar. No les importa las condiciones de la propiedad que usted está interesado en comprar. Muchas veces no le informan a los clientes si la casa ha sido utilizada como laboratorio para hacer drogas ilícitas o tiene un alto nivel de radón y asbestos. En otras palabras, la casa se puede estar cayendo en pedazos poniendo en riesgo la vida de su familia, pero nadie dice nada. Por lo general, la ganancia de los agentes de bienes raíces es a base de comisión. Mientras más alto el precio de la propiedad mejor para ellos.

Una vez fui a ver una casa en venta donde las paredes del sótano estaban inclinadas. Cuando le pregunté al agente de bienes raíces acerca de ese problema me dijo que no era nada para preocuparme. Por esta razón, recomiendo que antes de comprar una propiedad es ideal pagar una inspección. Asegúrese de contratar a un profesional aunque tenga que pagar más dinero. En el mercado de bienes raíces el inspector debe ser muy ágil. Si la casa tiene daños serios que no se detectan en el momento, en el futuro le costará más dinero en resolverlos y en muchos casos son problemas irreparables. Si usted mira una casa que obviamente tiene problemas no desperdicie su dinero, un profesional le dirá lo mismo que usted observó.

En el sótano de otra casa que mandé a inspeccionar había dos gatos y un fuerte mal olor. El inspector no se equivocó cuando me dijo: "Parece que el mal olor de los gatos está ocultando algo". Seguidamente, él observó que las tuberías estaban completamente oxidadas, la madera podrida y las columnas de la casa ubicadas incorrectamente. El inspector me recomendó mandar hacer un análisis del aire. La casa no tenía buena ventilación y había demasiada humedad en todas las habitaciones. La contaminación del aire era tan seria que fácilmente podría causarle graves problemas respiratorios a mi familia.

Noté que la agente de bienes raíces que me representaba se miraba de mal humor. Parece que no le agradó en nada el reporte del inspector y mucho menos cuando le dijimos que a pesar que la casa era muy bonita, habíamos decidido no comprarla. Era obvio que ella no estaba interesada en el bienestar de mi familia. Aquel era el momento preciso para trabajar con otra persona, pero desgraciadamente continuamos con ella. Después de todo, en este caso nos devolvieron el depósito de mil dólares. En el contrato de compra y venta estaba escrito que así sería sino había una inspección satisfactoria. Sin embargo, perdí dinero al mandar a inspeccionar otras casas aunque yo mismo miré ciertos problemas que eran suficientes para no contratar a un inspector.

Cuando fui a ver la casa que finalmente compré ya estaba cansado de haber desperdiciado tanto dinero. Yo mismo la inspeccioné. Esta vez estaba motivado no solamente porque me gustaba la casa sino porque estaba sorprendido al ver que la agente de bienes raíces de este vendedor fue honesta conmigo. Le pregunté porque la casa había estado tanto tiempo en el mercado sin poder venderla. Ella me contó que tenían un comprador, pero días antes del cierre el banco les negó el préstamo porque el precio de la casa estaba muy alto. Cuando el dueño rebajó el precio de venta por veinte mil dólares los compradores estaban molestos y decidieron no comprarla.

Inmediatamente yo empecé el proceso de compra. Esta vez no tuve que mandar hacer análisis del agua o radón. La agente de bienes raíces del vendedor me facilitó las copias de los análisis que mandaron hacer los otros compradores. Afortunadamente los resultados eran satisfactorios y me ahorré dinero.

En general la casa estaba en buenas condiciones y no tuve que preocuparme por hacer reparaciones. Reconozco que me arriesgué bastante al no pagar por una inspección, pero fueron tantas las casas que miré junto con el ágil inspector que aprendí cosas muy valiosas. Nunca le recomendaría a nadie que haga su propia inspección solamente si tiene bastante conocimiento en el área. A veces hasta las casas nuevas tienen problemas estructurales o están en zonas vulnerables al desastre natural.

En otra ocasión fuimos a ver una casa que parecía como si le hubiera pasado un tornado. Estaba en condiciones tan deplorables que aunque la hubieran bajado a mitad de precio, cualquiera lo pensaría dos veces antes de vivir en ella. Lo que me sorprendió no fue el haber visto una casa en su etapa final sino el agente de bienes raíces representando al vendedor.

Él me aseguró que estaba al frente de una buena inversión. Me dijo que lo único que necesitaba la casa era un poco de amor y que los "problemitas menores" con poco dinero se arreglaban. En aquel momento creo que si la casa se hubiera empezado a derrumbarse él hubiera tratado de sostener el techo y decirme que la casa todavía estaba en buenas condiciones. Indudablemente, él estaba ahí por su comisión y me dijo que si yo no tenía un agente de bienes raíces él podría trabajar conmigo.

Rentar vs. Comprar

---

*H*e conocido muchas personas que creen que el sacrificio de comprar una casa no vale la pena. Si usted ha escuchado a alguien decir esto es porque quizás ellos no se han atrevido a soñar y ni siquiera han hecho el más mínimo intento. Tengo un amigo que se dedica a vender todo tipo de productos. Por años él ha estado corriendo de aquí para allá. Él me asegura que los productos que vende son tan buenos que yo me haría rico si me envuelvo con las compañías que él representa.

Varios años atrás, le dije: "Compra una casa que dentro de poco tiempo te vas a ganar lo que no has hecho en toda tu vida". Según él, comprar casa no es una buena inversión porque se tiene que vivir en ella por treinta largos años. Cuando una persona decide comprar una casa no necesariamente tiene que vivir en ella hasta que pague la hipoteca. Una casa se puede vender cuando se considere necesario y es muy probable que se tengan ganancias y no pérdidas.

Conozco una pareja que tiene más de treinta años de residir en este país. Su renta mensual es tan poca que nunca se motivaron a comprar una casa aun cuando los precios estaban al alcance de sus bolsillos. Hoy día ellos quieren retirarse, pero no tienen ni siquiera para comprar el pasaje de regreso a su país natal. En cambio, conozco una señora que en su juventud trabajó fuertemente y se atrevió a soñar. Ella compró una casa la cual pronto venderá y podrá retirarse con una mejor economía.

La pareja que prefirió quedarse rentando un apartamento, quizás pensó que estarían desperdiciando su dinero pagando una hipoteca de 30 años. Sin embargo, la señora lo consideró desde otro punto de vista. En cierta manera la hipoteca que pagaba mensualmente era como estar ahorrando su dinero para un futuro. Ella pronto se irá para la Florida a disfrutar de su retiro. Cada vez que la veo me sorprendo. La conozco desde mi niñez y su rostro no ha cambiado mucho. Parece ser que tuvo poco estrés sabiendo que al retirarse tendría pocas preocupaciones. La pareja al igual que muchos se encuentran desesperados. El no haber planificado durante la juventud los hace hoy día buscar desesperadamente.

Esclavos del sueño americano

$\mathcal{M}$uchos se convierten en esclavos del sueño americano cuando se aferran a las grandes ciudades donde viven. Hay personas que no se atreven a explorar lugares más sanos donde todavía pueden comprar una casa a un precio razonable. La realidad es que algunos por no añadir diez o quince minutos a su trayectoria diaria del trabajo dejan de hacer una mejor inversión y vivir en un buen vecindario.

Mi hermano estaba tratando de comprar una casa en la ciudad de Nueva York valorada en alrededor de cuatrocientos mil dólares. Si él compraba esa casa sin tener un buen pago inicial su mensualidad aproximadamente sería de cuatro mil dólares. Aunque no valía la pena convertirse en esclavo de una hipoteca tan grande, él insistió. Comenzó su búsqueda con un préstamo muy atractivo de interés variable el cual es favorable, pero solamente en los primeros años de la hipoteca.

Por esa razón, hoy día muchas personas están perdiendo sus casas porque simplemente aceptaron ese tipo de préstamo. Compraron más casa de lo que realmente pudieron haber comprado si estuvieran haciendo un préstamo de interés fijo. En otras palabras, no miraron más allá. Planificaron de una manera incorrecta o sencillamente no planificaron. Este tipo de préstamo con un interés variable cambia después de unos cuantos años. Para muchas personas aún con un buen ingreso se les dificulta pagar la hipoteca de su casa porque a la larga tienen que pagar más dinero y cuando no pueden muchos pierden su propiedad.

El anhelo de lograr el sueño americano estaba muy ferviente en el corazón de mi hermano, pero pronto se dio cuenta que la realidad era otra. Por años he tratado de convencerlo que donde yo vivo todavía se puede. Sin embargo, al igual que muchos él se ha aferrado a las grandes ciudades. No hay nada ni nadie que lo haga cambiar de opinión y lo convenza que existen otros lugares donde se puede triunfar. Siempre he dicho: "Si tú puedes sobrevivir en la ciudad de Nueva York podrás vivir en cualquier otra parte".

Hace algunos años debía un préstamo escolar de alrededor de tres mil dólares. Mi pago mensual era de cincuenta dólares y a veces aportaba cien dólares, pero parecía que la deuda nunca bajaba. Un día recibí una llamada que nunca olvidaré porque aprendí una gran lección. Por teléfono una señora, me dijo: "Si quieres podemos reducir el pago mensual y convertir la deuda en un préstamo de treinta años". Por un momento me quedé sin palabras no podía creer lo que estaba escuchando y cuando reaccioné le respondí: "Usted cree que yo soy estúpido, esté es un préstamo de tres mil dólares no la hipoteca de una casa". Fue en ese momento cuando me di cuenta que algunos prestamistas quieren convertirnos en sus esclavos hasta la muerte.

Reflexiones

No te des por vencido

A lo largo de mi vida he visto dos en el campo de
batalla: el que triunfó por haberse levantado cada
vez que era pisoteado y el que se rindió por no haber
luchado.

En el campo de fútbol: los que madrugaron
perfeccionando la jugada que les daría el triunfo y   los
perezosos que perdieron porque sus cuerpos no daban
a vasto.

En el escenario: los protagonistas y los que se
marcharon cuando el teatro quedó vació.

Los que desafiaron los obstáculos transformándolos en oportunidades para vencer y   los que huyeron de sus problemas sin darse cuenta que allí mismo estaba el triunfo.

El que aprendió de sus errores y el otro que tropezó con la misma piedra por toda una vida.

En los momentos más difíciles, el que aceptó con amor y valentía a su criatura recién nacida. El que abandonó a su familia por falta de amor y entendimiento.

El que buscó ayuda en el momento oportuno. El que fue al médico cuando ya era demasiado tarde.

El carpintero con su caja llena de herramientas y el otro con la caja vacía; el uno con las herramientas precisas y el otro con las herramientas equivocadas.

El original considerado por muchos un ordinario y el imitador réplica de aquel que está en el escenario.

El que convirtió sus fracasos en una oportunidad para lograr el éxito y aquel que se quedó en el mismo lugar por temor a fracasar.

El que viajaba en el barco con un salvavidas en
la mano y era señalado como un pesimista por el
que estaba a su lado con las manos vacías, pero en
medio de la tempestad le pidió auxilio al que había
menospreciado.

El que reconoce a Dios en las buenas y en las malas.
El sabio que se convirtió en necio por confiar en sus
propias habilidades.

El que encontró la felicidad en las cosas eternas y el
que la busca únicamente en las cosas terrenales.

Los que hoy día tienen fe para que Dios les abra el
mar. Los que tratan de cruzar en vano por su propio
esfuerzo.

El que estaba en el mundo de los vicios y fue liberado
por el gran Yo Soy.

El que miró la luz al final del túnel. El que decidió
quitarse la vida porque no encontró la salida.

Los que reconocen que aún de un niño se pueden
aprender cosas extraordinarias.

El sabio que no se da cuenta que los muchos libros lo han vuelto necio.

Aquel que estando aún arriba se da cuenta quien realmente merece la gloria y el que trata de ocupar un lugar que solamente a Dios le pertenece.

El que se atrevió a mover el tronco del árbol atravesado en su camino y el que se devolvió porque pensaba que era muy pesado.

El que dio la cara enfrentando a sus suegros y hoy es feliz con la mujer de sus sueños. El cobarde que salta por la ventana cada vez que entra por la puerta el padre de su amada.

El que es feliz con tan solo un par de zapatos y el que compra un vestido que nunca se pondrá cuando pase de moda.

El que reconoció al oportunista aunque el tiburón andaba de saco y corbata.

El que con palabras sofisticadas devoró al ignorante.

El que se deleita en las cosas sencillas y el otro que se ha convertido en esclavo de la moda y la tecnología moderna.

El que es un esclavo de su jefe y un esclavo de sus sueños.

El maestro que dio un discurso y no dijo nada y el que con tan solo una frase lo dijo todo.

El alumno que es inspirado de por vida por las huellas dejadas de su gran maestro.

El que se lamenta por haber dejado la escuela y se ahoga en sus propias lagrimas por no haber ni siquiera intentado.

Entonces el que llegó hasta la cima no solamente porque se atrevió a soñar sino porque con gran valentía y esfuerzo desafió la montaña junto con los pesimistas que aseguraban que no se podía triunfar y cualquiera que se atreviera moriría en el camino, pero cuan equivocados estaban.

Cuando intentaron por tercera vez desanimar al caminante, con firmeza este les dijo: "Si no hubiera sido por tus palabras quizás no lo hubiera intentado. Si no te hubieras burlado de mi jamás me hubiera lanzado. Si hubiera seguido tus huellas jamás hubiera triunfado".